Hans Erlwein.

Portraitfoto „Hans Erlwein“, um 1904

Günter Kloss

Hans Erlwein
(1872-1914)

Stadtbaurat
in Bamberg und Dresden

Michael Imhof Verlag

Gaststätte „Italienisches Dörfchen", Dresden, Foto 1999 (WV 117)

Gestaltung und Reproduktion: Michael Imhof Verlag
Druck: Fuldaer Verlagsagentur, Fulda

Printed in EU

ISBN 3-932526-95-3

Inhalt

Vorwort

Im Jahre 1915 plante der „Zirkel"-Architektur-Verlag in Berlin, ein Werk über den Architekten Hans Erlwein zu veröffentlichen. Die Abfassung des Textes sowie die redaktionelle Leitung wurde dem Dresdner Kunstwissenschaftler Cornelius Gurlitt übertragen. Aufgrund des I. Weltkriegs und den folgenden schlechten wirtschaftlichen Verhältnissen kam es nicht zur Herausgabe des Buches. Dem Mappenwerk mit 75 Bildtafeln und 95 Abbildungen sollte eine broschierte Text-Biographie über Erlwein, verschiedene Baubeschreibungen und weitere über 125 Abbildungen hinzugefügt werden. Es war vorgesehen, vor allem die städtischen Bauten Dresdens vorzustellen, die unter seiner Leitung entstanden waren.
Erlwein steht zwischen der Architekturauffassung des 19. bzw. 20. Jahrhunderts gleichermaßen.[1] Der Wandel des Stadtbildes von Bamberg (um 1900) und Dresden (um 1910) sind untrennbar mit seinem Namen verbunden. Seine Arbeiten sind von prägender Wirkung.

Vorliegende Monographie beschreibt das Leben Erlweins und erstmals sein gesamtes architektonisches Werk nach Archivunterlagen und Veröffentlichungen in Kunst- und Architekturzeitschriften.

Die Recherchen wurden dadurch erheblich erschwert, daß sämtliche Unterlagen des Hochbauamtes der Stadt Dresden im Jahre 1945 durch einen Brand vollständig zerstört wurden und darüber hinaus auch der persönliche Nachlaß Hans Erlweins nicht erhalten geblieben ist. Im Bildteil wurde unter anderem auf die Fotostelle des Stadtplanungsamtes der Stadtverwaltung der Landeshauptstadt Dresden zurückgegriffen.

1 Begleitband zur Ausstellung: Stadtentwicklung in Bamberg um 1900. Hans Erlwein (1872-1914), Bamberg 1997, S. 9

Danksagung

Mein Dank gilt besonders den Mitarbeitern der Stadtarchive in Bamberg und Dresden, der Zentralregistratur und der Bauunterhaltung/Hochbauamt in Bamberg, der Zentralen Kunstbibliothek, der Sächsischen Landesbibliothek und der Fotostelle des Stadtplanungsamtes in Dresden. Ich wurde weit über die übliche Gebühr betreut.

Mannigfache Informationen und Unterstützung erhielt ich durch folgende Privatpersonen: Gisela Bartholomay, Helmut Frank, Dr. Friedrich Hausmann, Bernd Hünlich (†), Dr. Michael Imhof, Andreas Jakob, Amalie Kunzelmann, Hans-Jürgen Thieme und Herbert Wotte (†).

Zum Schluß bedanke ich mich für die Unterstützung durch die Stadt Bamberg und Frau Gisela Bartholomay in Dresden.

Karlsruhe, Oktober 2001

Günter Kloss
Welfenstraße 25
76137 Karlsruhe

1. Lebenslauf in Stichworten

1872 Johann Jakob Erlwein am 13. Juni in Bayerisch Gmain, Schüraussicht, geboren – am 14. Juni in der Kirche St. Zeno in Bad Reichenhall evangelisch getauft.[1]

ab 1878 Besuch der Volksschule, später Realschule und Industrieschule in München, anschließend mehrmonatige Italienreise.

1893 Studium des Hochbaus (Architektur) an der Königlich Bayerischen Technischen Hochschule München als Schüler von Gabriel Seidl mit Abschluß Diplomingenieur bis Sommersemester 1896.[2]

1897 Staatsbaupraktikum in München vom 07. Dezember bis 01. März 1898.

1898 Bauassessor in Amberg von Mitte März bis 14. Juni – Regierungsbauführer in München vom 15. Juni bis 03. Dezember – Geburt seiner Tochter Elisabeth am 31. Oktober – provisorische Anstellung als Stadtbaurat in Bamberg ab 04. Dezember.

1899 Praktisches Regierungs-Baumeisterexamen in München mit Abschluß als Diplomarchitekt vom 28. Februar bis 30. März – Heirat mit Maria Viktoria Hirsch in München 15. Juli.

1900 Mitglied des Magistrats von Bamberg ab 15. November – Tod des Vaters am 06. Juni und Tod der Mutter in München am 10. November.

1901 Einweihung des Chirurgischen Krankenhauses, der Luitpoldschule und des Städtischen Elektrizitätswerks in Bamberg – Besichtigungsfahrt zu Schlachthofanlagen durch ganz Deutschland vom 01. bis 05. Oktober.

1903 Einweihung des Korpshauses Baruthia in Erlangen und des Städtischen Zentralschlachthofes in Bamberg – Berufung nach Frankfurt/Main abgelehnt

1904 Berufung als Stadtbaurat nach Dresden im November.

1905 Verpflichtung als Stadtbaurat und Vorsitzender des Hochbauamtes in Dresden am 13. Februar – Gründung der Fotostelle des Hochbauamtes – engere Verbindung zum Maler Gotthard Kühl – von 1905 bis 1914 dreißig Mal als Preisrichter tätig.

1906 Innenarchitektur „III. Deutsche Kunstgewerbe-Ausstellung Dresden 1906" – Gründer und Vorsitzender der Künstlervereinigung „Die Zunft" – engere Verbindung zu den Architekten Fritz Schumacher und Wilhelm Kreis, zum Bildhauer Karl Groß und zu den Malern Otto Gussmann und Fritz Beckert.

Hans Erlwein, Foto um 1913

1907 Einweihung der Stadtsparkasse Schulgasse, der 24. Bezirksschule Haydnstraße, der Feuerwache Schlüterstraße – Gründungsmitglied des „Deutschen Werkbundes" in München – engerer Kontakt zum Bildhauer Georg Wrba.

1908 Einweihung des Stadthauses Löbtauer Straße, des III. Wasserwerks Hosterwitz, des Gasbehälters Reick – Innenarchitektur „Große Kunstausstellung Dresden 1908" (hier Beteiligung mit 15 Exponaten) – Berufung nach Hamburg abgelehnt – Entbindung von der Stelle des Vorsitzenden der Künstlervereinigung „Die Zunft".

1909 Einweihung der 32. Bezirksschule Ludwig-Hoffmann-Straße, Innenarchitektur und Ausstattung von Repräsentationsräumen im Neuen Rathaus – September bis Oktober Studienreise durch Italien.

1910 Wiederwahl zum „Stadtbaurat auf Lebenszeit" am 02. Juni – Einweihung des Städtischen Vieh- und Schlachhofs, Projekte Bebauung Königsufer, Kurfürstenplatz und Rathausvorplatz – 19. August Verleihung des Titels eines Honorarprofessors – Gutachter betreffs Wiederherstellungsarbeiten am Dresdner Zwinger.

1911 Einweihung der 34. Bezirksschule Cossebauder Straße, der 40. Bezirksschule Cottbusser Straße, der Kleinwohnungsbauten der Dr. Krenkel-Stiftung Klingestraße, Innenarchitektur und Ausstattung des Amtszimmers des Stadtverordneten-Vorstehers im Neuen Rathaus – Haupteingang und Innenarchitektur „Internationale Hygieneausstellung Dresden 1911".

1912 Einweihung des Wolfshügelturms, der Kleinwohnungsbauten Bünaustraße, Wildermannstraße, Bürgerstraße und der Johann Meyer-Stiftung Dölzschener Straße – Berufung nach Berlin abgelehnt – 01. November 1912 bis 07. November 1913 nochmals Vorsitzender der Künstlervereinigung „Die Zunft".

1913 Einweihung der Gaststätte „Italienisches Dörfchen" am Theaterplatz, der Kläranlage Kaditz, des Asyls für Obdachlose Altpieschen – erste Ausstellung „Neue Bauwerke der Stadt Dresden" mit 69 Exponaten und Beteiligung mit dieser Ausstellung an der „Internationalen Baufach-Ausstellung Leipzig 1913" – Publikationen: Cornelius Gurlitt „Hans Erlwein. Das Italienische Dörfchen in Dresden", Berlin 1913 und „Dürer-Bund", 107. Flugschrift „Einfache städtische Nutzbauten in Dresden von Hans Erlwein", München 1913.

1914 Einweihung der 31. Bezirksschule Junghansstraße, des Stadthauses Johannstadt, des Städtischen Lagerhauses, der Löwenapotheke, des Beutlerhauses – Beteiligung an der „Deutschen Werkbund-Ausstellung Köln 1914" – Projekt „Ausstellung das Deutsche Handwerk Dresden 1915"
Am 09. Oktober Tod (Verkehrsunfall) beim Hilfsgütertransport in Amagne-Lucquy bei Rethel/Frankreich – sein Leben und Werk wird in über zehn Architektur- und Kunstzeitschriften und in den Tageszeitschriften mit Nekrologen gewürdigt – Planung einer „Monographie Hans Erlwein" beim „Zirkel"-Verlag Berlin.

1915 Einweihung der Studienanstalt für Mädchen Weintraubenstraße und der XI. Bürgerschule Riesaer Platz.

1916 Einweihung der Feuerwache Louisenstraße, der Städtischen Fach- und Fortbildungsschule Melanchthonstraße, des Städtischen Kunstausstellungsgebäudes Lennéstraße.

Anmerkungen:

1 Archiv des Erzbistums München und Freising, München: Taufbuch St. Zeno, Bad Reichenhall, Bd. 5, S. 7.

2 Technische Universität München: Studierendenverzeichnis (Matrikellisten) 1895/96.

2. Herkunft, Ausbildung, Arbeiten bis 1898 und Stadtbaurat in Bamberg von 1898 bis 1914

„Der da bauet an der Strassen,
muß die Leute reden lassen"

(mittelalterlicher Spruch)

„Ehre das überlieferte Gute
und schaffe aus ihm Neues.
Was aus der Luft geboren werden soll,
wird niemals gut und neu!"

(künstlerischer Grundsatz von Hans Erlwein)

Johann (Hans) Jakob Erlwein wurde am 13. Juni 1872 in Gmain bei Bad Reichenhall geboren und ein Tag später in der katholischen Pfarrkirche St. Zeno in Bad Reichenhall evangelisch getauft.
Sein Vater Johann Erlwein wurde am 29. Februar 1844 in Neustadt/a. d. A. geboren. Er unterhielt in Gmain ein Hotel. Ab 1885 besaß er eine Gaststätte in der Münchner Schlachthausstraße 2 und pachtete um 1890 das Cafe 'Lutz' in den Arkaden am Hofgarten. Bereits am 06. Juni 1900 verstarb er. Jakob Erlweins Mutter Elisabeth (Elise) Ziegler, die Tochter eines Hoflogendieners aus Freising, starb ebenfalls im Jahre 1900 (am 10. November) in München.
Hans Erlwein hatte fünf Geschwister: Lina (geb. am 21. Oktober 1873 in Bad Reichenhall), Elise (geb. am 13. Oktober 1874 in Bad Reichenhall), Katharina (geb. am 04. April 1879 in München), Babette (geb. am 20. Februar 1884 in München) und Maria (geb. am 12. Februar 1885 in München).[1]
Der junge Hans Erlwein besuchte ab 1878 die Volksschule, später die Realschule und anschließend die Industrieschule in München. Ab 1893 war er Student des Hochbaus der Architekturabteilung an der Königlich Bayerischen Technischen Hochschule zu München. Unter dem Architekten Gabriel von Seidl war er immatrikuliert. Der Abschluß als Diplomingenieur erfolgte im Sommersemester 1896. Ein Staatsbaupraktikum beschäftigte ihn vom 07. Dezember 1896 bis zum 01. März 1898 im Hochbaubüro der Generaldirektion der Bayerischen Staatseisenbahnen in München. In dieser Zeit war er mit der Anfertigung von Plänen und der Herstellung von schriftlichen Ausarbeitungen für Hochbauten verschiedener Art tätig. Nach eigenem Entschluß verließ er diese Stellung am 01. März 1898. Anschließend war er von Mitte März bis Mitte Juni 1898 als städtischer Bauassessor im Dienste der Stadtgemeinde Amberg tätig. Ebenfalls nur kurze Zeit, vom 15. Juni bis 03. Dezember 1898, war er Regierungsbauführer im Baukreis München II (Militärverwaltung). Hier wurde ihm zur Aufgabe gestellt, die Offiziers-Speiseanstalt des Leibregiments in den Mittelbau der Türkenkaserne (Theresienstraße) einzubauen.
Während der Zeit dieses Umbaus wurde in München am 31. Oktober 1898 Erlweins einziges Kind Elisabeth (Elly) Maria geboren.

Hans Erlwein erhielt vom 06. Dezember 1898 bis zum 14. November 1900 eine provisorische Anstellung als Stadtbaurat in Bamberg. Vom 28. Februar bis zum 30. März 1899 absolvierte er in München das praktische Regierungs-Baumeisterexamen für den Staatsbaudienst im Landbaufach, also die zweite Prüfung für den höheren Staatsbaudienst mit Abschluß des Diplomarchitekten. Am 15. Juli des gleichen Jahres heiratete er in München Maria Viktoria Hirsch. Seine Ernennung zum besoldeten technischen Mitglied des Magistrats zu Bamberg erfolgte am 15. November 1900.[2]
Als Magistratsmitglied mit Sitz im Kollegium und voller Stimmberechtigung in Gegenständen seines Wir-

Umfassungsmauer, Städtischer Schlachthof, Bamberg, Foto 1992 (WV 22)

kungsbereichs erhielt er ein Jahresgehalt von 6.000 Mark. Erlwein führte die Verwaltung des gesamten Bauwesens und aller zugehörigen Versorgungseinrichtungen, einschließlich des wichtigen Referats der Baupolizei. Diese außerordentlich günstige Situation für die Beschleunigung der Bauentscheidungen entstand durch die Konzentration von Hoch-, Tiefbau und des Dezernats der Baupolizei in einer Person. Hans Erlwein hatte mit nur 26 Lebensjahren in der Stadt Bamberg eine Machtbefugnis, die in dieser Form selten ist. Durch seinen kompromißlosen Durchsetzungswillen, sein bis zur Arroganz gesteigertes Selbstbewußtsein, aber auch seine außergewöhnliche Arbeitsleistung, sein gewandtes Auftreten und diplomatisches Geschick wurde er zu einem der einflußreichsten Männer der Stadt. Er bestimmte deren Gestaltung, auch gegen teilweise heftigen Widerstand. „Es gibt kein Stadtbauamt mehr, sondern nur noch einen Stadtbaurat", erklärte ein Gegner Erlweins resignierend.

Jeder einzelne Bauplan ging über seinen Schreibtisch, wurde von ihm persönlich begutachtet, kritisiert und verändert. Zahlreiche Bebauungspläne stellte Hans Erlwein selbst auf und überwachte ihre Ausführung. Nach seinen Plänen entstanden in der Stadt Bamberg innerhalb von sechs Jahren 26 Bauanlagen mit über 60 einzelnen Baulichkeiten.

Segmentbogenfenster der Umfassungsmauer, Städtischer Schlachthof, Bamberg, Foto 1992 (WV 22)

Segmentbogenfenster der Umfassungsmauer, Städtischer Schlachthof, Bamberg, Foto 1992 (WV 22)

Entscheidende Eingriffe in die bauliche Entwicklung der Stadt Bamberg gehen auf Hans Erlwein zurück. Er sah sich dabei als Kämpfer für einen sinnvollen Anschluß an die besten eigenen Bautraditionen der Stadt, ein ungezwungenes Weiterentwickeln der überlieferten Motive. Und so tauchte dann in seinen ersten Gebäuden – dem Chirurgischen Krankenhaus und der Luitpoldschule – das alte Bamberg mit seinen Spätrenaissance- und Frühbarockgiebeln (z. B. Alter Ebracher Hof und Neue Residenz) wieder auf. Die intime malerische Gestaltung seiner Bauten sollte Freudlichkeit ausstrahlen. Dennoch wurde gleichzeitig ein besonders klarer Ausdruck der Zweckmäßigkeit angestrebt.[3]

Das Chirurgische Krankenhaus (1901) wurde als Erweiterung des 1787-1789 erbauten Erthalschen Krankenhauses (auch Altes Krankenhaus genannt) geplant. Der selbständige Pavillonbau wurde unter Berücksichtigung der Vorgaben des damaligen Leiters der Chirurgischen Abteilung ausgeführt. Die funktionelle Gliederung in drei Abschnitte spiegelte sich im Äußeren wider: Der dreigeschossige Kopfbau im Norden, der seine Giebel der Front des Alten Krankenhauses zuwendet, enthielt die Räume für die Verwaltung und den Publikumsverkehr. Operationssäle, Ambulanz und Warteräume waren in eingeschossigen Anbauten untergebracht. Nach Süden schloß sich das schmalere Bettenhaus an. Die Gebäudegruppe wurde durch einen kurzen, quergelagerten Teil mit Aufenthaltsräumen, Teeküchen und Gemeinschaftszimmern für die Genesenden abgeschlossen. Von hier aus konnte man in den Garten gelangen. Erlwein stellte seinen Krankenhausneubau selbstbewußt dem Altbau gegenüber. Der Abstand zwischen den beiden Gebäuden war so groß, daß keines das andere erdrückte. Er war aber auch klein genug, um ein Spannungsverhältnis zwischen dem hohen neuen Giebelbau und dem eher behäbigen Altbau entstehen zu lassen. Der Erlweinbau nahm die ansteigende Dachlinie der Häuser an der Unteren Sandstraße, die im nördlichen Giebel gipfelte, auf. Dann brach die Linie ab und es folgten das Mansarddach und die Türmchen des Altbaues.

Diese bemerkenswerte Lösung hatte auch zur Folge, daß die großräumigen Blickbeziehungen vom rechten Flußufer des Linken Regnitzarms auf den Dom, die Residenz und den Michelsberg in keiner Weise gestört wurde. Die Absetzung des neuen Gebäudes vom Altbau wurde durch die Wahl der historisch-architektonischen Vorbilder gestärkt. Im Kontrast zum Frühklassizismus des Altbaus orientierte sich Erlwein an der Architektur des 15. bis 17. Jahrhunderts mit ihren hohen Schmuckgiebeln, wie sie in Bamberg durch einige städtische Bauten vertreten sind. Wegen der Verlegung des Alten Krankenhauses in das neue Klinikum war der Erlweinbau lange gefährdet. Die Anlage wurde 1985 bis 1991 für das Stadtarchiv umgebaut und sorgfältig restauriert.

Im Jahre 1901 entstand die Luitpoldschule, eine asymetrische Dreiflügelanlage um einen nahezu quadratischen Innenhof. Die einzelnen Flügel sind in ihrer Höhe abgestuft. Ausgehend vom zweigeschossigen Hauptflügel, der im Giebelbereich eine weitere Etage besitzt, nimmt die Höhe über den Seitenflügel und die Turnhalle bis hin zum niedrigen Verbindungsbau um jeweils ein Stockwerk ab. Ästhetisch ausgewogen wird dieses Absinken durch die diagonal ansteigenden Treppenhausfenster im Innenhof. Die übliche Trennung in eine Mädchen- und eine Knabenschule drückt die Gliederung in zwei Pavillons mit gesonderten Eingängen aus. Erlwein legte hier besonderen Wert auf die sorgfältige Gestaltung der Details.

Diese Detailfreude sowie die Gruppierung der größeren Baukörper lassen eine abwechslungsreiche Umrißlinie entstehen, durch die der Luitpoldschule eine beachtliche Fernwirkung zukommt. Die Schule unterscheidet sich damit auch von ihren blockhaften, kasernenartigen Vorgängern.[4]

Das am rechten Regnitzufer gelegene Städtische Elektrizitätswerk (1901), das in neobarocken Bauformen mit großen Rundbogenfenstern erbaut wurde und sich gut in die rückwärtige Bebauungen entlang des rechten Regnitzarms anpaßt, konnte in den 1980er Jahren vor dem Abbruch gerettet werden. Da der Bau technisch genutzt wurde und noch keine hundert Jahre alt war, glaubte man offenbar, ihn nicht als Baudenkmal schützen zu müssen. Es bedurfte massiver Proteste und einer Hausbesetzung, um das Elektrizitätswerk in neuer Nutzung zu erhalten. Seit 1988 ist es, übrigens unter Beibehaltung eines Teils der interessanten technischen Ausstattung, Sitz der Volkshochschule. Es mag sich keiner mehr recht vorstellen, warum je an einen Abbruch gedacht wurde.

Der im Jahre 1904 eingeweihte Städtische Zentralschlachthof ist eine um einen weiten Hof gruppierte Anlage aus 15 ein- und zweigeschossigen Putzbauten in süddeutschen barockisierenden Formen. Erlwein wählte für die Schlachthallen, die um das Kühlhaus mit Vorkühlung herumgelagert sind, eine vereinfachte deutsche Renaissance, für die übrigen Betriebsräume das Pavillonsystem. So besteht die Anlage aus Einzelhäusern, die zum Teil in die zwei Meter hohe Umfassungsmauer eingegliedert sind und so eine willkommene Unterbrechung der sonst festungsähnlichen Umfassung bilden.[5] Außerdem wurden Segmentbogenfenster mit Füllungen aus schmiedeeisernen Gittern eingebaut und die Pfeiler sowie zwei Tore für die Ein- und Ausfahrt künstlerisch gestaltet. Insgesamt wurden 47.000 qm von 61.000 qm Gesamtgrundfläche mit Hochbauten überbaut. Der Wasserturm als herausragender Bau diente hier gleichzeitig als Schornstein.

Mittelteil des Gemäldes „Der Rat zu Dresden" 1909 von Carl Bantzer (Hans Erlwein sitzend)

Eine ansprechende Ausführung eines Kleinbaus findet man auf der Promenade. Das neobarocke Abortgebäude (1904) mit Aufenthaltsraum für die Wartefrau ist in architektonischer und künstlerischer Hinsicht bemerkenswert. Die dünnen und dabei doch stabilen Wände in Stahlbetonkonstruktion haben eine leichte Herstellung des gesamten Gebäudes ermöglicht und bilden, im Innern gewölbeartig zusammengezogen, gleichzeitig den Abschluß gegen den Dachraum. Einfacher plastischer Schmuck, eine angemessene farbige Behandlung und das Rot des Kegel-, Walm- sowie des Giebelgaubendachs harmonieren mit der Altbausubstanz der Umgebung.

Bauten außerhalb von Bamberg und Privatbauten, wie das Korpshaus Baruthia in Erlangen (1903), das Wohnhaus Schiffbauplatz 10 (1904) und die Blaue-Löwen-Klamm (1903) in Bamberg, runden das Gesamtbild der architektonischen Leistungen und Aktivitäten Hans Erlweins in Franken ab.

Einige Male verwendete Erlwein an seinen Bauten ein künstlerisch gestaltetes Motiv, das in Bamberg sehr bekannt ist: Ein Dreieck mit Auge und Strahlenkranz, das Symbol Gottes und der Dreifaltigkeit. Dieses immer wachsame, fürsorgliche Auge Gottes benutzte Erlwein in unterschiedlichen Abwandlungen. Es befindet sich an den Eingangssäulen der Luitpoldschule, auf dem Giebel des Wohnhauses Schiffbauplatz 10 und am hohen Ostgiebel des Chirurgischen Krankenhauses (heute Stadtarchiv). Das gleiche Motiv läßt sich in Bamberg auch an barocken Fassaden finden, z. B. an der ehemaligen Hauptwache in der Hauptwachstraße 7 (unmittelbar unter dem Dach), am Haus Obere Königstraße 53 (als Füllung am ersten Obergeschoß) und am Wohnhaus Nürnberger Straße 79 (am Erker des ersten Obergeschosses).

Nachdem Hans Erlwein im Frühjahr 1903 eine Berufung nach Frankfurt am Main mit einem Jahresgehalt von 12.000 Mark abgelehnt hatte, folgte er 1904 einem Ruf nach Dresden. Mit Erlwein verlor die Stadt Bamberg ihren damals letzten überregional bedeutenden Architekten. Wie auch andere Baumeister dieser Zeit suchte Erlwein nach neuen Formen, da er sowohl den Jugendstil als auch die sogenannten „Stilkünstler" des Historismus ablehnte, in deren Tradition jedoch auch Erlwein stand. So benutzte auch er gleichfalls schmückende Details und historische Stilformen. Jedoch galt sein eigentliches Interesse der Wirkung der Baumassen, der Form der Dach- und der Silhouettenbildung. Er ging immer von der späteren Nutzung aus, plante von innen nach außen – im ursprünglichen Sinne funktionalistisch. Dennoch erlaubte er sich, wie auch andere Architekten seiner Zeit, spielerische und humorvolle Züge in den Bauten unterzubringen. Es ist ein Glücksfall, daß das Elektrizitätswerk, das Krankenhaus und der Schlachthof erhalten geblieben sind. Für den schwierigen Versuch neuen Bauens in alter Umgebung können Erlweins Versuche jedenfalls als Studienobjekt dienen.[6]

Anmerkungen:

1 Begleitband zur Ausstellung: Stadtentwicklung in Bamberg um 1900. Hans Erlwein (1872-1914), Bamberg 1997, S. 32

2 StaDD, Ratsarchiv A. II 223/1904: Akten, den Stadtbaurat Johann Erlwein betr., Blätter 24 u. 25

3 Leitschuh, Fr. Friedrich: Bamberg (Berühmte Kunststätten, Bd. 63), Leipzig 1914, S. 298 ff

4 Bamberg. Ein Führer zur Kunstgeschichte der Stadt für Bamberger und Zugereiste, Bamberg 1989, S. 206 ff

5 Bamberg, Bamberg 1929, S. 92 ff

6 Anmerkung 4, S. 211 f

3. Stadtbaurat in Dresden von 1905 bis 1914

Am 18. November 1904 wurde Hans Erlwein in der Gesamtsitzung der Stadtverordneten der Stadt Dresden mit 52 von 72 abgegebenen Stimmen zum Stadtbaurat gewählt. Er trat an die Stelle des ausscheidenden Stadtbaurats Edmund Bräter, der sich vollständig dem Rathausneubau widmete. Am 13. Februar 1905 erfolgte die Übergabe der goldenen Amtskette sowie die Verpflichtung und Einweisung in sein Amt. Mit dem Amtsantritt wurde er auch Leiter des Hochbauamts, Mitglied des Seniorenkonvents, des städtischen Kunstausschusses und des Ausschusses zur Förderung des Dresdner Hochschulwesens. Auch dem Baupolizeiausschuß gehörte er als beratendes Mitglied an.

Erlwein zog am 30. Dezember 1904 nach Dresden und wohnte ab diesem Zeitpunkt im „Hotel Bristol" am Bismarckplatz 5; seine Familie holte er am 08. Februar 1905 nach. Ab diesem Jahr bewohnten sie in der Südvorstadt das Erdgeschoß des Hauses Sedanstraße 22 (heute Hochschulstraße), ganz in der Nähe der Russischen Kirche. Von 1910 an lebte er bis zu seinem Tod 1914 in der Sedlitzer Straße 13 (heute Elsa-Brandström-Straße) in der Vorstadt Strehlen, nahe der Christuskirche.

Seine Arbeitsräume befanden sich in dem Stadthaus Am See 2. Als die neuen großzügigen Dienstzimmer im Neuen Rathaus, die gleichzeitig auch als Atelier genutzt werden konnten, im Jahre 1909 bezugsfertig wurden, zog er in das dritte Obergeschoß des Neuen Rathauses am Friedrichsring 19 (Ringstraße) ein.

Die finanzielle Einstufung Erlweins erfolgte am 01. Januar 1905 mit einem Jahresgehalt von 7.500 Mark. Erhöhungen erfolgten zum 01. Oktober 1906 – aufgrund seiner Berufung zum Stadtbaurat von Köln – auf 11.000 M, zum 01. Oktober 1909 auf 12.000 M, zudem erhielt Erlwein ab 01. Januar 1911 eine persönliche Gehaltszulage von 5.000 M. Ab 01. Januar 1914 betrug das Gehalt 16.000 M plus 1.000 M persönliche Zulage.[1]

Im November 1908 wurde Hans Erlwein vom Senat der Freien Hansestadt Hamburg unter außergewöhnlich guten Bedingungen, u. a. 25.000 M Gehalt, eine Stelle als Baudirektor des staatlichen Hochbauwesens angeboten. Sein Ausscheiden aus dem Rat der Stadt Dresden war für den 01. April 1909 vorgesehen; in letzter Stunde entschloß sich Erlwein, die an ihn ergangene Berufung nicht anzutreten und behielt seine Anstellung in Dresden.[2]

Im November 1912 lehnte Erlwein ein weiteres Angebot, als Direktor und künstlerischer Leiter einer großen Baugesellschaft in Berlin, ab. Die Stadt Dresden erhöhte sein Gehalt, um es dem in Berlin gebotenen anzupassen.

Im Laufe der Monate September und Oktober 1909 unternahm Hans Erlwein im Auftrag des Rats der Stadt Dresden eine Studienreise durch Italien. Am 02. Juni 1910 erfolgte die Wiederwahl zum Stadtbaurat und damit zum besoldeten Mitglied des Rats auf Lebenszeit.[4]

Eine weitere Würdigung erfuhr Erlwein mit der Ernennung zum Honorarprofessor der Technischen Hochschule Dresden am 19. August 1910.

Eine Gruppe von Architekten versuchte im letzten Jahrzehnt vor dem I. Weltkrieg einen als eigenständig empfundenen, als „Zunftstil" bezeichneten Baustil in Dresden zu etablieren. Einflußreich waren dabei neben Hans Erlwein Architekten wie Schilling & Gräbner, Fritz Schumacher und Martin Dülfer.

Bezeichnend für die Haltung dieser Strömung in der Zeit vor dem I. Weltkrieg, also in der Schaffenszeit Erlweins, ist seine postume Würdigung durch den Kunstwissenschaftler Cornelius Gurlitt. In der „Neudeutschen Bauzeitung" (13/1917, S. 33/34) erinnerte Gurlitt an Erlweins Abneigung gegen den Jugendstil und sprach von seiner Bejahung des inneren Zusammenhangs mit der Vergangenheit.

In Dresden orientierte sich Erlwein vornehmlich an den Bauten des 18. Jahrhunderts und deren klassizistischen Elementen. Im Verlaufe der Zeit gelangte er zu einer freieren Behandlung der Massen und Formen. Erlwein verstand sich programmatisch auch in Dresden nicht als Neuerer, sondern als Fortsetzer der Tradition. Dem Jugendstil gegenüber, der ja gerade in der Elbestadt während seiner ersten Amtsjahre eine Blüte erlebte, stand er dagegen äußerst ablehnend gegenüber.[5] Aufschlußreich ist auch Hans Erlweins Verhältnis zur aufkommenden Moderne. In einer programmatischen Darlegung betonte er die Bedeutung des Funktionalen für den Gesamtentwurf, nicht jedoch für die Einzelform:

„Für mich bedeutet modern so viel wie selbstverständlich, jedoch nicht um jeden Preis noch nicht dagewesen. Nicht in dem Suchen nach Formeln für Einzelheiten, Veränderungen und Umwertungen bewährter, durch viele Jahrhunderte erprobter Elemente des Bauwesens

Gitterdetails im Atelier des Stadtbaurates Erlwein, Neues Rathaus, Dresden, Foto 1911 (WV 66)

besteht für mich das Wesen der Moderne, sondern in dem Finden der zweckmäßigen Lösung mit den modernen technischen Hilfsmitteln. Die neuen Aufgaben unserer Zeit und die gegenüber den früheren Zeiten so wesentlich veränderten Bedürfnisse und Hilfsmittel bedingen von selbst neue Resultate. Diese können freilich oftmals nicht auffallend von den Meisterwerken vergangener Jahrhunderte abweichen, doch ist dies für sie kein Fehler, denn die Entwicklung besteht ja im allmählichen Aufbau auf der Tradition. Ebenso wie die ganze Kultur auf allen Gebieten die gleiche Entwicklung durchgemacht hat, stehen ja auch wir sozusagen auf den Schultern unserer Vorfahren. Aus diesem meinem Standpunkte ergibt sich von selbst meine große Wertschätzung für das Alte, die sich auch besonders dort in die Tat umsetzen läßt, wo mir in meinem reichen Arbeitsgebiete die Aufgabe gestellt wird, in der Nähe alter Bauten oder an ihnen selbst neue einzufügen. Um solche Aufgaben zu lösen, bedarf es einer besonderen Rücksichtnahme auf die bestehenden Bauwerke und eines strengen künstlerischen Taktgefühles. Gerade die Bedachtnahme auf bestehende schöne Städtebilder und Bauwerke legt uns die Pflicht auf, im Maßstab und Form, in Farbe und Aufwand der Mittel oft besonders bescheiden und einfach zu bleiben, um Schönheit und Rhythmus in der Paarung von alt und neu zu erzeugen. Hiermit glaube ich dargelegt zu haben, was ich unter dem Begriff „modern" verstehe und welche Grundsätze mich bei meinen Aufgaben leiten.
Was die von mir zu erledigenden Aufgaben selbst betrifft, so bestehen sie im wesentlichen nicht in der Schaffung von Monumentalbauten, Schlössern und Kirchen, sondern meistens nur in der Formgebung für einfache Zweckbauten.
Als Leiter des Bauwesens [...] obliegt es mir hauptsächlich, die große Kulturarbeit unserer heutigen Sozialpolitik in die Tat umzusetzen und jene Bauwerke zu errichten, die der Wohlfahrt des Volkes, der großen Massen, gewidmet sind, wie Schulen, Krankenanstalten, Feuerwehrbauten, Schlachthof-, Gas- und Wasserversorgungsanlagen, Wohnungen für Minderbemittelte, Asyle usw. Nur vereinzelt ergeben sich mir auch Aufgaben größerer monumentaler Art, insbesondere wenn es sich um den Neu- oder Umbau alter unbrauchbar gewordener Bauten im Stadtinnern oder um die großzügige Durchführung wichtiger Verkehrsprojekte in den alten Stadtteilen handelt."[6]

An anderer Stelle betonte er die herausragende Rolle der Architektur: „Die Bautätigkeit einer Zeit charakterisiert am besten ihre Kultur".[7]

Menschlich galt Hans Erlwein als zupackend und geradezu unbekümmert selbstbewußt. Starke Kritik, etwa am Bau der Löwenapotheke, des Vieh- und Schlachthofs und des Italienischen Dörfchens scheint ihn wenig beeindruckt zu haben.

Baubetrieb

1913 setzte sich das Hochbauamt in Dresden folgendermaßen zusammen:

Vorstand:
Hans Erlwein

Stadtbaumeister:
1. Baudirektor Edmund Hennig
2. Baudirektor Bernhard Geißler

Stadtbauinspektoren:
Richard Louis, Heinrich Hertzsch, Richard Böhme, Richard Schreiber, Hugo Völkel, Carl Hirschmann, Max Weidlich, Paul Flechsel.

Stadtbauassistenten:
Karl Richard Umlauft, Carl Böttcher, Hermann Saager, Edmund Fleischmann, Albert Sucker, Anton Schimral, Franz Helm, Karl Börner, Paul Krüger, Ernst Rühle, Franz Börner, Richard Adam.

Außer diesen Beamten wurden je nach Umfang der Dienstgeschäfte technische Hilfskräfte in größerer Anzahl beschäftigt. Hans Erlwein wählte aus diesem Kreis der Regierungsbaumeister, Stadtbauamtmänner und Baumeister die Bauführer für seine Bauten aus.
Als Stadtbaurat war er vertraglich zur Anfertigung der General- und Detailpläne verpflichtet. Als Bauleiter betreute er selbst die unterschiedlichsten Objekte, darunter beispielsweise das Krematorium in Dresden-Tolkewitz, die Bauten der „Internationalen Hygiene-Ausstellung Dresden 1911". Durch seine umfangreichen Aufgaben war ihm allerdings eine ständige persönliche Überwachung der Bauausführung seiner Werke unmöglich.
Mehrfach trat Erlwein auch als Gutachter, Preisrichter und Vortragsredner in Erscheinung. Am 02.03.1908 hielt er die Grabrede zu Ehren des Bildhauers Ernst Hottenroth; Ende 1908 sprach er zum Abschied des Architekten Wilhelm Kreis, der nach Düsseldorf ging; 1913 wurde er Mitglied des Ausschusses für die Richard-Wagner-Feier und für das Richard-Wagner-Denkmal[8], anläßlich der „Internationalen Baufach-Ausstellung Leipzig 1913" betreute Erlwein am 07. und 08. Juni die Studiengruppe des Österreichischen Ingenieur- und Architekten-Vereins bei ihrem Besuch in Dresden und hielt am 05.07. auf der begleitenden Tagung des „Deutschen Werkbundes" eine Rede zum Thema „Staatliche und städtische Kunstpflege".
Daher übertrug er die Aufgabe der Bauaufsicht einem verantwortlichen Bauführer und übernahm selbst die oberste Bauleitung bzw. künstlerische Oberleitung. In Bamberg betraute Erlwein zum großen Teil Paul Flechsel mit der Bauführung. In Dresden verpflichtet er als örtlichen Bauleiter u. a. den Stadtbauinspektor Emil Sachße (Gasbehälter in Dresden-Reick 1907/1908), den Stadtbaumeister Bernhard Geißler (Vieh- und Schlachthof von 1906-1910) und den Stadtbaudirektor Heinrich Hertzsch (Krematorium in Tolkewitz 1909-1911). Am

Gitterdetails im Atelier des Stadtbaurates Erlwein, Neues Rathaus, Dresden, Foto 1911 (WV 66)

07.09.1910 erstellte das Hochbauamt beispielsweise im Konstruktionsbüro des 1. Baudirektors Edmund Hennig den Plan für die Entwässerungsanlage 1 : 100, die Bauausführung kam hierbei dem Maurermeister Paul Brendler zu.[9]

Über die Arbeitsweise Hans Erlweins läßt sich heute wenig sagen, da nur einige Entwurfs- und Detailzeichnungen überliefert sind und ein persönlicher Nachlaß fehlt.

Beispielhaft für das Verfahren innerhalb des Amtes mag die Planung für die Erweiterung des Gaswerks Reick durch einen dritten Gasometer sein. Am 09. Februar 1907 versammelte Erlwein die befreundeten Dresdner Architekten Martin Dülfer, Julius Gräbner, Wilhelm Kreis und Fritz Schumacher zu einer Besprechung. Erlwein legte seine Pläne vor und zeigte plastisch an einem Modell drei Varianten. Als Ergebnis dieser Sitzung wurde die Anzahl der Treppentürme von drei auf sechs erhöht, die Türme jedoch verkleinert. Auch sollten die Türme nur mit kleinen Fensteröffnungen versehen werden. Gemeinsam wurde auch entschieden, daß der Kuppelansatz am Hauptgesims so weit wie möglich zurückgeschoben werden sollte. Eine Lösung hierfür fand man in einer abgestuften Anordnung. Bei einem anderen Problem wurde auf einen Vorschlag Julius Gräbners eingegangen: Um nach außen hin ruhigere Flächen entstehen zu lassen, wurden die senkrechten Rippen bis zur obersten Etage nach innen gelegt, so daß nur die obere Etage Senkrechte zeigte.

Nach diesem im kollegialen Rahmen besprochenen Entwurf wurde von Juli 1907 bis November 1908 der Eisenbetonbau in Form eines Zylinders mit einer Höhe von 68,70 Metern und mit einem lichten Durchmesser von 64,50 Metern und mit fünf kubischen Treppentürmen erbaut.

Profeſſor Hans Erlwein, der Stadtbaumeiſter.

„Professor Hans Erlwein, der Stadtbaumeister"
Zeichnung von Georg Erler um 1913

Im Jahre 1913 gab es ein Entwurfsatelier mit vier Abteilungen, die u. a. von Richard Louis, Carl Hirschmann und Ludwig Wirth geleitet wurden. Das Konstruktionsbüro unterstand dem Baudirektor Edmund Hennig, Abteilungsingenieur war Karl Hommel – die Zeichnungen führten W. H. Schulze, Viktor Wurl (für den figürlichen Schmuck) und der Zeichner Ludwig aus. Die Heizungsinspektion erfolgte durch Stadtbauamtsrat Paul Herrfarth.

In der Regel unterrichtete sich Hans Erlwein nicht nur über den Fortgang der Arbeiten, sondern besuchte beispielsweise auch die Grundsteinlegung, das Richtfest, die Übergabe, führte Inspektionen durch und überwachte persönlich den Bauablauf und die Ausführung.

Erlwein verwendete zumeist Kalkputz, industriell hergestellte Trockenmischungen (Trockenmörtel) wie Terranova, Lithin, Terrasit und andere Edel- und Steinputzarten.

Seine wichtigsten Schmuckmittel waren die abwechslungsreiche Behandlung des Putzes und die Kontraste zwischen glatten und verschieden rauhen Flächen. Auch die lebhaften Farben des Bewurfs und der dekorativen Teile sind auf die künstlerisch gestalteten Dächer und Dachaufbauten abgestimmt. An einigen seiner Bauten kam auch Sgraffito zur Anwendung, eine Putzart aus zwei- und mehrschichtigen farbigen Aufträgen, in die Zierate mit Kratzeisen eingeschabt werden, wobei die verschiedenen Farbschichten zum Vorschein kommen. Diese Technik benutzte Erlwein zur Betonung von architektonischen Gebäudeschauseiten, wie z. B. an den Wohnhäusern der Dr. Krenkel-Stiftung. Das Hochbauamt benötigte bei der künstlerischen Ausführung seiner Hochbauten Maler und Bildhauer für

Entwürfe plastischer Modelle und farbiger Muster sowie Kunsthandwerker, die diese Modelle ausführten. Die Bauten, die das Hochbauamt unter der Leitung von Hans Erlwein projektierte und ausführte, waren vorwiegend Profanbauten, einfache Zweckbauten mit teilweise künstlerischem tektonischem Schmuck. Allen diesen Bauten haftete ein stilistisch einheitlicher Zug an, der an den Gesamtmassenverhältnissen, der Detailformgebung und der Art der plastischen Ausschmückung der Fassaden sowie an der Farbgestaltung im Inneren gut erkennbar war.

Für die plastische Behandlung der Fassadenfläche wurde ein Bildhauer als Mitarbeiter ausgewählt, der den Entwurf der Ornamente in seinem Atelier anfertigte. Das Hochbauamt nahm durch seinen Vorstand lediglich die Korrektur und Kontrolle im Atelier des Bildhauers vor. Für die farbige Behandlung von Fassaden und Innenräumen (der Möbel-, Decken- und Wandflächenbemalung) schuf der damit betraute kunstgewerbliche Maler in natürlicher Größe Proben, die dann von einem Malermeister ausgeführt wurden. Soweit figürliche Bemalungen in Frage kamen (z.B. im König-Georg-Gymnasium und im Italienischen Dörfchen), fertigte der betreffende Mitarbeiter den figürlichen Schmuck innerhalb eines dafür vorgesehenen ornamentalen Rahmens selbst.

Immer aber – sowohl bei der Plastik wie bei der Malerei – stand die Wechselwirkung mit der Architektur als grundlegende Voraussetzung im Vordergrund. Deswegen kamen nur bestimmte, dekorativ arbeitende Künstler für diese Aufgaben in Frage. Künstler, die auf eine autonome Rolle ihrer Kunst bestanden, waren damit von vornherein ausgeschlossen. Erlwein selbst kümmerte sich intensiv um die Künstler und ihre Programme.

In Dresden lebten verhältnismäßig wenige Bildhauer und Maler für dekorative Plastik und Malerei. Ihr Programm galt als spezifisch dresdnerisch und wurzelte in den gemeinsamen Bestrebungen mit einer Reihe einflußreicher Architekten Dresdens, wie Wilhelm Kreis, Fritz Schumacher, Julius Gräbner, William Lossow, Max Hans Kühne. Zu diesem Kreis zählten unter den Plastikern Karl Groß, Ernst Hottenroth und Georg Wrba, unter den Malern Otto Gussmann, Paul Rößler und Paul Perks. Sie waren fast alle Mitglied der Dresdner Künstlervereinigung „Die Zunft".

Erlwein vergab die Aufträge in Verbindung mit dem Rat der Stadt an die Dresdner Künstler nicht turnusmäßig, sondern nur nach Art der Arbeit und nach der Qualität der von ihm erwarteten Leistung. Die städtischen Bauten, die meist nur wenig plastischen Schmuck besaßen (hier bildeten nur das Italienische Dörfchen und die Löwenapotheke die Ausnahme), benötigten einen wiedererkennbaren und ansprechenden Schmuck, damit das künstlerische Gepräge der Gebäude einheitlich geschlossen wirkte.

Erlwein sah in der künstlerisch bestimmten Zusammenarbeit mit seinen Mitarbeitern eine Hauptvoraussetzung für eine dekorativ gelungene Durchführung seiner Bauten. Er nutzte deswegen die Malerei und Bildhauerei als dienende Glieder der Architektur.

In anderen Städten wurde teilweise nicht nur ähnlich verfahren, sondern auch auf dieselben Künstler und Kunsthandwerker zurückgegriffen. Der Stadtbaurat von Berlin, Ludwig Hoffmann, zog zur künstlerischen Gestaltung seiner Bauten angesehene Künstler aus München heran und vergab auch Aufträge nach Dresden, darunter an den Bildhauer Georg Wrba. Dagegen sind in Berlin ansässige Künstler nicht von ihm in Anspruch genommen worden. Auch der Stadtbaurat von Leipzig, Hugo Licht, hatte beim Neuen Rathaus in der Hauptsache Künstler von auswärts geholt, unter ihnen wiederum den damals noch in München lebenden Bildhauer Georg Wrba. Auch die Stadtbauräte Münchens arbeiteten mit fast stets denselben Mitarbeitern bei ihren Bauten.[10]

Ein weiterer Grundzug der Bauten Erlweins war die enge Verbindung der Architektur mit Plastik und Malerei. Sowohl für die plastische Ausschmückung seiner Außenbauten sowie namentlich für die fein abgestimmten Innenräume zog er gerne künstlerisch gleichgesinnte Maler, Bildhauer und Kunstgewerbler heran, die er von vorneherein beim Entwerfen seiner Bauten einbezog. Dies waren vor allem die Bildhauer Karl Groß und sein Freund Georg Wrba, die Maler Otto Gussmann, Paul Perks, Paul Rößler und Fritz Beckert.

Der Bildhauer Georg Wrba schuf 1907 bis 1916 die Architekturplastik für acht Bauwerke Erlweins und war fünfmal an der Innengestaltung mit plastischem Schmuck verschiedenster Art beteiligt. An Brunnen, Denkmalen und freien Plastiken arbeiteten Erlwein und Wrba bei acht Gelegenheiten zusammen. Herausragender plastischer Schmuck befindet sich am Italienischen Dörfchen mit über 140 verschiedenen Plastiken und am Vieh- und Schlachthof. Außerdem schuf er Plastiken an der Löwenapotheke, im Amtszimmer des Stadtverordneten-Vorstehers und in der Ratstrinkstube im Neuen Rathaus.

Der Bildhauer Karl Groß war von 1906 bis 1914 für den plastischen Schmuck am und im König-Georg-Gymnasium, im Sitzungszimmer der III. Ratsabteilung im Neuen Rathaus, an der 34. und 40. Bezirksschule, am

Erker der 32. Bezirksschule, Deckenleuchten für die Sophienkirche und eine Stuckdecke im Italienischen Dörfchen verantwortlich.

Der Maler Otto Gussmann schuf 1906 bis 1914 ausdrucksstarke Supraporten im Sitzungszimmer der Städtischen Sparkasse an der Schulgasse und im Amtszimmer des Stadtverordneten-Vorstehers im Neuen Rathaus, ein dreiteiliges Deckengemälde im Festsaal des König-Georg-Gymnasiums, das Deckengemälde „Schutzmantelmadonna" im Eckturm des Friedhofs in Dresden-Plauen, zwei Freskobilder am Vieh- und Schlachthof, die Gemälde in der Ratstrinkstube im Neuen Rathaus und die Tierbilder an den Wandtäfelungen im kleinen und großen Kaffeesaal des Italienischen Dörfchens.

Fritz Beckert, der als Lehrer für Architekturmalerei an der Technischen Hochschule in Dresden wirkte, und Gotthard Kühl, der als Akademieprofessor in Dresden arbeitete, waren in gewisser Hinsicht die Architekturmaler von Hans Erlwein. Beide schufen Gemälde und Zeichnungen von fertigen und projektierten Bauwerken in Schwarz/Weiß oder in Farbe. Insbesondere von Fritz Beckert stammen kolorierte perspektivische Ansichten von Projekten, z. B. zur Bebauung am Königsufer, zum

Gasbehälter Reick, Dresden, Foto um 1910 (WV 54)

Rathausvorplatz, zum Warenhaus, dem Artesischen Brunnen und dem König-Georg-Gymnasium, zur Umgestaltung des Theaterplatzes und der 32. Bezirksschule Neugruna. Zudem zeichnete er verschiedene Ansichten vom Italienischen Dörfchen und vom Projekt Hochbehälter Gaswerk Neustadt.
Freundschaftlich verbunden war Hans Erlwein auch mit dem Maler Gotthard Kühl, der u.a. Ansichten der Neubauten König-Georg-Gymnasium, 24. Bezirksschule Striesen, Feuerwache Schlüterstraße, Bedürfnisanstalt Lennéwiese, Wasserwerk Hosterwitz, Artesischer Brunnen, Sparkasse Schulgasse und eine Ansicht von der geplanten Umgestaltung des Theaterplatzes schuf (letzteres im Bestand des Stadtmuseums Dresden, ansonsten befinden sich die Architekturzeichnungen als Fotos im Planungsamt Dresden).
Zum Schluß soll noch das Wirken des Malers Paul Riegen erwähnt werden, der 1913 einige Zeichnungen für Erlweins Objekte anfertigte (wie der Feuerwache Neustadt und dem Projekt zur Umbauung/Gestaltung des Rathausplatzes).

Architektenzeichen von Hans Erlwein, Dresden, Foto 1987

Mitarbeiter Erlweins:

Architekten:
in Bamberg:
Paul Flechsel, Michael Schenk, Anton Staller, Johann Steiner, Christof Trummer, August Zeh.
in Dresden:
Richard Louis, Emil Sachße, Heinrich Hertzsch, Max Weidlich, Hugo Völkel, Bernhard Geißler, Carl Hirschmann, Max Wrba, Richard Schreiber, Richard Böhme, Richard Adam, Franz Helm, Ludwig Wirth, Karl Richard Umlauft, Edmund Hennig, Paul Flechsel, Carl Böttcher, Hermann Saager, Edmund Fleischmann, Albert Sucker, Anton Schimral, Karl Börner, Paul Krüger, Franz Börner, Karl Hommel, Johann Steiner.

Bildhauer:
in Bamberg:
Peter Kaiser, Georg Löwisch, Philipp Dorsch, Alexius Ehrl, Ceder & Schaaf.
in Dresden:
Ernst Hottenroth, Leopold Armbruster, Curt Roch, Karl Groß, Richard Guhr, Robert Ockelmann, Alexander Höfer, Georg Wrba, August Strohrigl, Peter Pöppelmann, Selmar Werner, Fritz Kern, Otto Pilz, Rudolf Born, Fritz Stellmacher, Oskar Döll, Gustav Ullrich, Peterpaul Ott.

Maler:
in Bamberg:
Bonifaz Locher, König, Max Nein.
in Dresden:
Otto Gussmann, Josef Goller, Paul Rößler, Paul Perks, Alexander Baranowsky, Wilhelm Hartz, Georg Erler, Anton Pepino, Karl Schulz, Georg Lührig, Carl Bantzer, Anton Wilckens, W.H. Schulze, Viktor Wurl, Ludwig.

Kunstschlosser:
in Bamberg:
G. und A. Bosch.
in Dresden:
Carl Eduard Oertel, Maximilian Steck, Georg Böschmann, Max Großmann, Kühnscherf & Söhne.

Stukkateure:
in Dresden:
Peter Henseler, Firma Carl Hauer.

Hans Erlwein unterstützte seit dem Beginn seines Wirkens in Dresden die Anregung des „Dresdener Architekten-Vereins" aus dem Jahr 1905, das dem Baukünstler das Recht gewährte, seinen Namen an seinem Werk anzubringen.[11]
„In dem von mir geleiteten Amt ist es üblich, daß derjenige Architekt, welcher der geistige Urheber eines Entwurfes ist, dies auf dem Entwurfs- und Ausführungsplane durch seine Unterschrift unzweideutig dokumentiert. Die von meiner Hand stammenden Bauwerke erhalten eine plastische Künstlersignette, darstellend mein Wappen, und zum Zeichen dafür, daß ich den Auftrag als Stadtauftrag ausgeführt habe, das beigefügte Stadtwappen ... ."[12]
Erlwein entwarf dazu ein eigenes Architektenzeichen (Logo), das, in Sandstein, Keramik und Bronze ausgeführt, in den Putz eingedrückt oder in den Sandstein oder Beton eingemeißelt wurde. Das Architektenzeichen ist ein Relief in Herzform, nach oben leicht gewölbt, in dem ein in einem Kelterfaß stehender Putto Erlenzweige mit Laub und Kätzchen hält. Unter der Kelter ist in der Mitte das Dresdner Stadtwappen angebracht. Ein Architektenzeichen aus Keramik im Format 28 cm x 21,5 cm (vom Bedürfnishäuschen am Sachsenplatz in Dresden von 1912) befindet sich heute im Bestand des Stadtmuseum Dresen (Nr. 1978/K 201). Ein weiteres Architektenzeichen aus Bronze im Format 20 cm x 21 cm x 11,5 cm mit einem Hahn, als Brunnenauslauf gedacht, wird dort ebenfalls aufbewahrt (Nr. 1981/K 5654).
Diese Zeichen besitzen verschiedene Arten der Datierung: am eigentlichen Architektenzeichen die Jahreszahl, zweigeteilt in der Mitte das Stadtwappen (19 Stadtwappen 06) und ohne weitere Datierung. Meistens jedoch sitzt die Datierung unter dem Architektenzeichen im Putz, Sandstein bzw. Beton und wurde dort eingeritzt (E. 1. VII. 1911; 1. 09. 1906; 12. X. 1907; 27. 6. 13; 10. 1912) oder rechts und links vom Architektenzeichen angebracht (28. 3. Architektenzeichen 1908).
Daneben existieren besondere Ausführungen, z.B. als einfaches Architektenzeichen ohne Datierung an verschiedenen Bauwerken des Vieh- und Schlachthofs in Dresden, oder auch zweifach in gleicher Ausführung an der Häusergruppe Wildermannstraße in Dresden.
Als Stadtbaurat gründete Hans Erlwein sofort nach seinem Amtsantritt die Fotostelle des Hochbauamtes. Damit dokumentierte er von Anfang an sowohl die Leistungen des Hochbauamtes mit all ihren Mitarbeitern als auch die vorhandenen Altbauten. Nachdem das Neue Rathaus am Friedrichsring (Ringstraße) bezugsfertig war (Bauzeit des Neues Rathauses 1905-1910), bekam das Fotoarchiv des Hochbauamtes an der südwestlichen Ecke des Gebäudekomplexes im Kellergeschoß drei große Räume. Im Gegensatz zu den 1945 verbrannten Archivalien des Hochbauamtes im Stadtarchiv ist der gesamte Bestand des Fotoarchives, bis auf einige zersprungene Negativplatten, erhalten geblieben und wird als Bildstelle des Stadtplanungsamtes bei der Stadtverwaltung der Landeshauptstadt Dresden bis heute weitergeführt.
Die Negativglasplatten mit einer Größe von 9 cm x 12 cm, 13 cm x 18 cm, 18 cm x 24 cm (Standardgröße), 24 cm x 30 cm und Dias 8,5 cm x 10 cm sind mit HOCHBAUAMT und laufender Nummer beschriftet und werden in Metallschränken aufbewahrt. Als Index bzw. Registrande werden Fotoalben und eine Suchkartei zu den verschiedensten Baulichkeiten verwendet. Man findet hier nicht nur die Fotos der Neu-, Um- und Erweiterungsbauten, sondern auch Grundrisse, Schnitte, Ansichten, Modelle und ausgearbeitete Projekte im Foto wieder. Als ein wichtiges Zeitdokument für die Dresdner Architektur des 19. und 20. Jahrhunderts wird die Fotostelle heute oft genutzt. Sie steht als einzigartige Dokumentation unwiederbringlich verlorener Dresdner Architektur zur Verfügung.

Anmerkungen:

1 StaDD, Ratsarchiv, A. II. 223/1904: Akten, den Stadtbaurat Johann Jakob Erlwein betr., Blatter 1, 20, 21, 130, 165, 168, 186, 190, 198, 218 u. 226

2 DBZ, 42 (1908), S. 560 u. DNN vom 18.10.1908

4 siehe Anmerkung 1

5 BM, 13 (1914), S. 16 (Hans Erlwein, Nekrolog von Emil Högg)

6 Zeitschrift des Österr. Ingenieur- und Architekten-Vereins, 65 (1913), S. 814

7 Dresdner Volkszeitung, 1913

8 siehe Anmerkung 1

9 StaDD, Tiefbauamt, K 81/1907: Krematorium Tolkewitz betr., Plan 13 (zu Blatt 60b der Akten)

10 Verhandlungen der Stadtverordneten zu Dresden im Jahre 1908, Stenographischer Sitzungsbericht vom 05.11.1908

11 Mitteilungen des Verbandes deutscher Architekten- und Ingenieur-Vereine, 10 (1905/1908), S. 111

12 BW, 5 (1914), Nr. 29, S. 27

4. „III. Deutsche Kunstgewerbe-Ausstellung Dresden 1906" und die Künstlervereinigung „Die Zunft" in Dresden

Das Wort ‚Heimatschutz' bezog sich für Hans Erlwein nicht auf den Bund Heimatschutz oder auf Volksbräuche, Naturschönheiten, Naturparks und dergleichen. Erlwein gebrauchte diesen Begriff für Baukunst und Industrie – also für diejenigen Bestrebungen, die er für eine Erhaltung, Veredlung und Entwicklung der heimischen Bauweise für nötig erachtete. Konkret hieß das für Erlweins Selbstverständnis die Anlehnung an die überlieferte historische Architektur – ohne die historischen Stile nachahmen zu wollen –, die vorsichtige und gründliche Anknüpfung an die ortsübliche Bauweise mit großmöglichstem Respekt vor den örtlichen Gegebenheiten und schließlich eine zeitgemäße Weiterentwicklung. Erlwein verstand die Gestaltung seiner Bauten nicht als Selbstzweck, sondern als Gestaltung des Stadt- und Landschaftsbildes.

Die Leitlinie für seine Innenarchitekturen hingegen entnahm Erlwein dem Programm der „Vereinigung für angewandte Kunst" in München: „Im Erkennen der Beziehungen zwischen Raumgröße und Lichtquelle, zwischen Raum und Gegenstand, zwischen Raumgröße und Wanddurchbrüchen liegt die große künstlerische Aufgabe der Zukunft."

Ende des 19. Jahrhunderts war Dresden zum Versuchsfeld für kunstgewerbliche Neuerungen gewesen. Mit der Zeit gewannen jedoch auch konservativere – wie manche, unter ihnen Erlwein, dachten: bewahrendere – Strömungen stärkeren Einfluß.[1] Die wirtschaftlich erfolgreichen Jahre vor dem I. Weltkrieg ermöglichten dem kulturellen Leben in Deutschland und auch in der Stadt Dresden eine Blüte. Um diese Zeit begann Hans Erlweins wichtige Rolle im architektonischen Leben Dresdens. Er hatte bei seinem Dienstantritt vermutlich die einzelnen Menschen und deren künstlerische Richtung gekannt, aber gesehen, daß sie nach außen hin in einem nur losen Zusammenhang zueinander standen. Er bemühte sich von da ab zielbewußt darum, die Kräfte, die für ihn für das spezifisch Dresdnerische in der modernen Raumkunst standen, zu erreichen und zu einen, um mit ihnen deutschlandweit Einfluß und Aufmerksamkeit zu erringen.

Erlwein ging dabei durchaus machtbewußt vor. Er begann sofort, die bisher lockere Form des Dresdner Künstlerkreises straffer zu organisieren. Im Juni 1905 gründete er zusammen mit dem Bildhauer Karl Groß die Künstlervereinigung, die später den Namen „Die Zunft" erhalten sollte. Es handelte sich dabei um eine Vereinigung bildender Künstler, die sich vor allem auf die angewandte Kunst konzentrierte. Die Gründung erfolgte in der Gaststätte Zacherlbräu auf der König-Johann-Straße 8/Ecke Frongasse in Dresden. Als Mitglied konnte man nur berufen werden, ein Beitritt war nicht möglich. Dabei verfolgte die Vereinigung das Ziel, nur mutmaßlich Gleichgesinnte aus Dresden aufzunehmen.

Während früher Kunstvereine nur ganz im allgemeinen den Zweck hatten, die Interessen der bildenden Kunst zu wahren, trat die neue Künstlervereinigung programmatisch für das Zusammenwirken der drei Künste ein. Nicht jede Kunst für sich sollte gefördert werden, sondern angewandte Kunst im Sinne und im Dienste der „Raumkunst". Damit ist ein Schlüsselbegriff der damaligen Dresdner Entwicklung angesprochen. Plastik, Malerei und Architektur sollten, so war der Gedanke, so innig zusammengehen, daß sie als untrennbar erschienen – alle drei raumbildend, raumerfüllend, in wohlabgewogenen Verhältnissen zueinander. Die eigenständige Malerei wurde als „raumauflösend", die Plastik als nur „aufgeklebt und aufgesetzt" abgelehnt. [2]

Die Bestrebungen dieser Künstlervereinigung und dessen Mitglieder führten schon kurz darauf zu der „III. Deutschen Kunstgewerbe-Ausstellung Dresden 1906". Im Gegensatz zu den beiden ersten ähnlichen Ausstellungen in München 1876 und 1887, die unter Beteiligung der großen industriellen Firmen stattfanden, kam die Dresdner Ausstellung unter der alleinigen Führung der Künstler zustande. Unter den beteiligten Architekten, Malern und Bildhauern befanden sich Hans Erlwein, Karl Groß, Otto Gussmann, Julius Gräbner, Erich Kleinhempel, Max Hans Kühne, William Lossow, Fritz Schumacher, Oskar Seyffert, Wilhelm Kreis, Rudolf Schilling und Heinrich Tscharmann, denen es erfolgreich gelang, nach außen einen eigenen Dresdner Stil zu repräsentieren. [3]

Plakat „Dritte Deutsche Kunstgewerbe-Ausstellung Dresden 1906" von Maler Otto Gussmann

Die Musterschau mit ihren 142 vollständig ausgestatteten Räumen verschiedenster Art faßte alles zusammen, was nach Ansicht der Veranstalter damals an modernem und hochwertigem Kunstgewerbe in Deutschland vorhanden war. Sie erregte über Deutschlands Grenzen hinaus Aufmerksamkeit. In der Mitte der Rotunde des Sächsischen Hauses (Architekt: Wilhelm Kreis) stand der Bronze-David von August Hudler auf einem Brunnensockel von Karl Groß, und Georg Wrba war hier mit Porträt-Büsten vertreten: Hugo Licht und Prinzregent Luitpold von Bayern in weißem Marmor und Georg Bamberger und Theodor Kronberger in Bronze.

Die künstlerischen Grundsätze der Dresdner Ausstellung haben auch danach Geltung behalten. Zu ihnen gehörte natürliches Material anstelle von Ersatzstoffen und Nachahmungen, gute handwerkliche Qualität sowie der Sachstil, d.h. die Entwicklung der Formen aus dem Zweck der Geräte und aus dem Material.
Diese Grundsätze und die künstlerischen Persönlichkeiten formten einen durchaus eigenen Stil, den es zu würdigen gilt. Eine Leistung der Mitglieder der Künstlervereinigung „Die Zunft" war sicherlich das Zusammengehen von Künstlern und Kunsthandwerkern. Unter ihnen waren Karl Groß, Otto Gussmann, Wilhelm Lossow, Oskar Seyffert und Georg Wrba zugleich als Lehrer an den staatlichen Kunstschulen tätig. [4]

Die Künstlervereinigung „Die Zunft" war eine Vereinigung bildender Künstler, die sich alle, ob Maler, Bildhauer, Kunstgewerbler oder Architekt, als „Bauschaffende" verstehen mußten. „Die Zunft" hatte nach ihrem Programm keinerlei materielle Interessen, sondern sollte lediglich auf dem Gebiet der angewandten Raumkunst ihre Prinzipien der breiten Öffentlichkeit zugänglich machen und die zeitgenössische Dresdner Kunst durch Präsentation ihrer Arbeiten fördern.
Die Vereinigung erhielt einen äußeren Rückhalt durch ein kleines eigenes Lokal, das im ersten Obergeschoß des Zacherlbräu für jährlich 1.000 M als „Zunftstube" gemietet wurde. Die Innenausstattung bzw. der Umbau erfolgte nach Entwürfen des Architekten Julius Gräbner, dem diese Aufgabe durch das Los zufiel. Die neue Zunftstube wurde am 14. Dezember 1906 eingeweiht. Man traf sich hier jeden Freitag. Außer einem durch den Maler Otto Gussmann künstlerisch gestalteten Fenster befand sich hier eine „Zunfttür". Diese Eichentür war mit Schnitzereien und einem Bronzebeschlag versehen, in dem die Namen der einzelnen Mitglieder eingraviert wurden. In der Zunftstube hing von jedem Mitglied der Vereinigung eine Silhouette in einem einheitlichen viereckigen Rahmen. Von einem Silhouettenschneider wurde die Kopfsilhouette geschnitten (zuerst wurde dafür der Bildhauer Ernst Hottenroth ausgewählt, 1908 übernahm dieses Amt der Maler Georg Erler), während der originell karikierte Körper von einem dazu beauftragten Zunftkünstler ausgeführt wurde. Ebenfalls in den behaglichen Räumen der Zunftstube fanden die Feste der „Zunft" statt, die als gemütlich und mit meisterhaften Darbietungen durchsetzt galten.
Durch Erweiterung der Mitgliederzahl mußte später nach einem größeren Zunftlokal gesucht werden. Nach einigen Verhandlungen bekam die „Zunft" das erste Obergeschoß der Gaststätte „Zum Tucher" in der Webergasse 10. Nach Entwürfen des Architekten Alexander Hohrath entstanden die geschmackvollen Räume des neuen Zunftheims, das am 02. November 1909 als

„Tucherbräu" eingeweiht wurde. Die alte Zunfttür, der große Lüster von Karl Groß und das Fenster mit den Glasmalereien Otto Gussmanns aus dem alten Zacherlbräu wurden in die neuen Räumlichkeiten übernommen und eingebaut. Die Künstlervereinigung feierte bei dieser Gelegenheit ein doppeltes Fest. Ihre Mitglieder versammelten sich zuerst im alten Zunftheim, wo in feierlicher Weise verschiedene Nagelschläge von Ehrenmitgliedern und neuen Mitgliedern vorgenommen wurden. Sodann wurde Abschied von der alten Stätte genommen. Vier Zimmerleute in Tracht hoben die schwere Zunfttür aus, und zusammen zogen dann alle zum neuen Zunftheim. Hier erfolgte neben der Einweihung zugleich der Abschied eines „Zünftlers", des Architekten Fritz Schumacher, der nach Hamburg berufen worden war.

Ein weiterer Rückhalt der Künstlervereinigung „Die Zunft" war vor allem der Vertrag mit der Architekturzeitschrift „Moderne Bauformen", die alljährlich die Arbeiten der Vereinigung in vier geschlossenen „Dresdner Künstlerheften" herausbrachte. Hans Erlwein war seit 1908 Mitglied des Redaktionsausschusses der „Künstlerhefte". Die in mehrjährigen Folgen von Juni 1906 bis August 1913 erschienenen „Zunfthefte" bilden noch heute eine wertvolle Dokumentation über das Schaffen der Vereinigung „Die Zunft"[5]. Sie können als Beleg für die Geschlossenheit der Dresdner Gruppe gelten.

In der Tat kann man für diese Jahre fast von einem Dresden eigenen „Zunftstil" sprechen. Die Zusammensetzung der „Zunft" gab ihren Zielen ein charakteristisches Gepräge und einen bemerkenswerten Einfluß. Tatsächlich reichten fast alle Fäden, die damals im Dresdner Kunstleben gesponnen wurden, in diesen Kreis hinein. Die Aktivitäten der Gruppe haben das künstlerische Antlitz der alten Stadt am Elbestrom dadurch mitgeprägt. Hier arbeiteten damals Fritz Schumacher, der die Planung zum ersten Bau des Krematoriums schuf; Wilhelm Kreis setzte sich gegen vielfachen Widerstand mit seinem Entwurf der Augustusbrücke durch; Hans Erlwein erstritt mühsam den Bau der Gaststätte Italienisches Dörfchen; um Georg Wrbas König-Georg-Denkmal, Selmar Werners Schiller-Denkmal und besonders um Otto Gussmanns Ausmalung der Rathauskuppel wurde heftig gestritten; Oskar Seyfferts Volkskundemuseum entstand. Dazu kam Max Hans Kühne mit seinem Hauptbahnhofgebäude in Leipzig; dann gehörte eine Reihe begabterer Wallot-Schüler dazu: Rudolf Kolbe, Oskar Menzel, Paul Bender. Und zahlreiche große und kleine künstlerische Arbeiten reichen mit ihren Wurzeln in „Die Zunft".

Zwei Zeichnungen „Gussmann, Wrba, Erlwein" 1909, unbekannter Zeichner

Zeichnung „Stadtbaumeister Hans Erlwein" von Georg Erler, 1912

Unter den Dresdner Künstlern der damaligen Zeit dürfen Erlwein, Gussmann und Wrba als am einflußreichsten und angesehensten gelten. Entsprechend wurden sie mit Bauaufträgen überhäuft.[6]
Im Laufe der Zeit haben sich Hans Erlwein, der Maler Otto Gussmann, der Architekt Fritz Schumacher und der Bildhauer Georg Wrba im Rahmen der „Zunft" zu einem engeren Kreis zusammengeschlossen. Wöchentlich kamen sie abwechselnd in ihren Häusern abends zusammen und tauschten aus, was sie beschäftigte. Sie alle standen in blühender Tätigkeit und in weitverzweigten Beziehungen, und so führten sie ein außerordentlich intensives Leben.[7]

Ende des Jahres 1908 reichte Erlwein ein Enthebungsgesuch von seiner Stelle als Vorsitzender der Künstlervereinigung „Die Zunft" und als Mitglied der geschäftsleitenden Ausschüsse ein. Zu dem Entschluß, diese Ämter niederzulegen, war Erlwein aus der Erwägung heraus gekommen, daß er sich Anfeindungen, wie sie in einer Beschwerde von neunzehn Dresdner Künstlern unter der Federführung des Bildhauers Richard Daniel Fabricius zum Ausdruck gekommen waren, im Interesse des Ansehens der ihm übertragenen Ämter nicht aussetzen wollte. Die Protesteingabe richtete sich gegen das städtische Hochbauamt und Erlwein als Stadtbaurat. In ihr wurde gefordert, daß die zu vergebenden künstlerischen Arbeiten künftig entweder durch Konkurrenzen oder, wo das nicht möglich sein würde, in unparteiischer Weise ohne Rücksicht auf die Zugehörigkeit zur Künstlervereinigung „Die Zunft" vergeben werden sollten.[8]
Hans Erlwein wurde durch den Generalversammlungsbeschluß der Künstlervereinigung „Die Zunft" vom 04. Dezember 1908 mit Wirkung vom 01. Januar 1909 von den oben genannten Funktionen entbunden und der Bildhauer Georg Wrba als neuer Vorsitzender gewählt.

Die Zunftmeister bzw. 1. Vorsitzenden der Künstlervereinigung „Die Zunft" waren von der Gründung 1905 bis Dezember 1908 Hans Erlwein, vom 01. Januar 1909 bis 30. September 1909 Georg Wrba, vom 01. Oktober 1909 bis 30. September 1910 Oskar Seyffert, anschließend bis 31. Oktober 1912 Karl Groß und vom 01. November 1912 bis 07. November 1913 wiederum Hans Erlwein. Es folgten vom 07. November 1913 bis 04. Juni 1914 German Bestelmeyer, vom 04. Juni 1914 bis 24. März 1915 Julius Ferdinand Wolff und ab 24. März 1915 bis zur Auflösung 1918 Karl Groß.
Der Künstlervereinigung „Die Zunft" gehörten unter anderem noch Cornelius Gurlitt, Oswin Hempel, Emil Hoegg, Max Klinger, Heinrich Tessenow, Georg Treu, Paul Wallot und Selmar Werner an.
Zu Beginn des I. Weltkriegs wurde infolge finanzieller Schwierigkeiten das Gesellschaftslokal der Zunft aufgegeben. Der Mietvertrag wurde am 01. September 1914 gelöst. Seit 1915 wurden die Ausstattungsgegenstände und die Möbel in der Kunstgewerbeschule in der Eliasstraße 34 aufbewahrt, wo sie am 13./14. Februar 1945 vernichtet wurden. Am 16. Januar 1918 wurde die Künstlervereinigung „Die Zunft" offiziell aufgelöst. Der schriftliche Nachlaß befindet sich seit 1936 im Stadtarchiv Dresden.[9]
Am 06. November 1909 erfolgte die Gründung der „Künstlervereinigung Dresden". Sie entstand aus der Künstlervereinigung „Die Zunft" (die Vereinigung von Künstlern für angewandte Kunst), aus der Vereinigung jüngerer Künstler, die sich unter dem Namen „Elbier" zusammengetan hatten (diese aufgelöste Gruppe ging geschlossen in „Die Zunft" über) und aus einer Reihe

Georg Wrba, Hans Erlwein und Otto Gussmann, Foto 1912

selbständig schaffender Künstler, die in Dresden bekannte Namen hatten. Diese neue Künstlervereinigung verband nun mit wenigen Ausnahmen alle hervorragenden und vorwärtsstrebenden Künstler Dresdens.[10]

Zu einem Zusammenklang von imposanter Größe und überraschend einheitlichem Charakter vereinigte die „Internationale Hygiene-Ausstellung Dresden 1911" nochmals die architektonischen Schöpfungen der „Künstlervereinigung Dresden". Es war die in dieser Zeit bestehende Vorliebe für eine leicht barock gesteigerte Form, in ihrem ausgeprägt örtlichen Charakter, jedoch abweichend von den Bauleistungen der gleichzeitig blühenden Münchner oder Berliner Architektur. In deutlich erkennbaren Einzelheiten leiteten diese Arbeiten schon zu den schlichteren Bauformen über, die für die Dresdner Architektur in den letzten Jahren des Wirkens unter Hans Erlwein und der Führung von Hans Poelzig (dem Nachfolger Erlweins im Frühjahr 1916) zunehmend bestimmender wurde.[11]

Anmerkungen:

1 KfA, 24 (1910/1911), S. 433
2 Dito, S. 436/437
3 Verhandlungen der Stadtverordneten zu Dresden im Jahre 1908, Stenografischer Sitzungsbericht vom 05.11.1908
4 KfA, 24 (1910/1911), S. 437
5 StaDD, Nachlaß der Künstlervereinigung „Die Zunft", Hs 2 1932 825 (13 Mappen)
6 Sachsens Städtebau 1928, Dresden o.J., S. 55
7 Schumacher, Fritz: Stufen des Lebens. Erinnerungen eines Baumeisters, Stuttgart/Berlin 1935, S. 260 ff
8 StaDD, Ratsarchiv, A. II 223: Rat zu Dresden 1908, zu Stadtbaurats-Akten-Erlwein gehörig
9 siehe Anmerkung 5
10 StaDD, Künstlervereinigung Dresden, P.A. I. 197: Geschichte der Künstlervereinigung Dresden
11 Hirschmann, Carl: Über neuere Dresdner gebaute und ungebaute Architekturen, in: Sachsens Städtebau 1928, S. 54/55

5. Gaststätte „Italienisches Dörfchen", „Löwenapotheke", Stadthäuser und andere städtebaulichen Aktivitäten

Über kaum eine andere Bauaufgabe wurde um 1910 in Deutschland so viel geredet und in Tageszeitungen und Architekturzeitschriften geschrieben wie über den Abschluß und die Umgestaltung des Dresdner Theaterplatzes. Ein weniger selbstsicherer Charakter hätte unter der Wucht wohlwollender Bedenken, Warnungen und Gegenvorschläge, entrüsteter Anklagen und drohender Prophezeiungen zusammenbrechen müssen. Noch als bereits das Dach der Gaststätte „Italienisches Dörfchen" Ende 1912 gerichtet wurde, verlangte ein Teil der Fachpresse die sofortige Einstellung des Baus im Namen der Kulturwelt.

Die geradezu erhabene Ruhe, mit der Hans Erlwein über all das zur Tagesordnung überging, kennzeichnet den in sich gefestigten, überlegenden Künstler. Und heute lobt das Werk den Meister. Die Fachleute erkannten, daß es eine in gewissem Sinne unlösbare Aufgabe sei, und Erlwein hat sie doch gelöst, als Städtebauer und Architekt.[1]

Zur Frage der zukünftigen Gestaltung des Theaterplatzes in Dresden hatte Erlwein ein Modell im Maßstab 1 : 100 geschaffen. Es wurde am 20.04.1908 vorgeschlagen und auf der „Dresdner Kunstausstellung 1908" vorgestellt. Zur Verdeutlichung der räumlichen Verhältnisse im städtebaulichen Wettbewerb über den Abschluß und die Umgestaltung des Theaterplatzes beauftragte Erlwein im Herbst 1908 den Maler Gotthard Kühl zu einer Zeichnung der im Modell dargestellten Veränderungen. Die Studie „Italienisches Dörfchen mit Theaterplatz", Gouache und Pastell auf Pappe, 71 cm x 100 cm (im Bestand des Stadtmuseum Dresden, Inv.-Nr. 1978/K 115) läßt den Blick über die Augustus-Brücke zum Schloß- und Theaterplatz mit ihren Bauten und Denkmälern schweifen, die zwar geplant,

Gipsmodell Umgestaltung des Theaterplatzes, Dresden, Foto 1908 (WV 117)

Löwenapotheke, Dresden, Foto 1914 (WV 132)

Eingang Löwenapotheke, Dresden, Foto 1914 (WV 132)

aber zum Teil nicht ausgeführt wurden, wie das Reiterdenkmal „König Georgs von Sachsen" an der westlichen Wange der Freitreppe zur Elbuferstraße und die beiden Löwenplastiken auf wuchtigen Sockeln am Altstädter Brückenkopf.

Der Neubau des „Italienischen Dörfchens" von 1912/13 war der Ersatzbau für das ehemals dort vorhandene Wohngebäude und für die Bauhütten der italienischen Steinmetzen, die am Bau der katholischen Kirche arbeiteten. Durch die Verlegung und den Neubau des „Italienischen Dörfchens" 1913 in Verbindung mit der neuen Friedrich-August-Brücke (1910) des Architekten Wilhelm Kreis und des Oberbaurats Hermann Theodor Klette erhielt der Theaterplatz ein neues monumentales Ansehen.

Das repräsentative neobarocke Aussehen des Italienischen Dörfchens erinnert in seiner Bauweise an barocke Jagdschlösser. Durch seine differenzierte architektonische Fassadengliederung in Sandstein und die prächtige Inneneinrichtung stellt es eine gelungene Auseinandersetzung zwischen Historismus und Heimatstil dar. Die künstlerische Leistung Hans Erlweins beruht weniger auf großen Raumausdehnungen als vielmehr auf harmonische Verteilung der Baumassen und einer Durcharbeitung der Einzelheiten.

Das Gebäude setzt sich aus drei Bauteilen zusammen, einem Hauptbau, der den Haupteingang, die Garderoben, das Café, die Weinabteilung u.a. enthält und nach der Elbe und dem Theaterplatz zu durch je einen säulengetragenen Vorbau geschmückt ist. Daran fügt sich nach Westen ein niederer, fast gangartiger Anbau an, der wieder von einem abschließenden, dem Hauptbau untergeordneten Baukörper beherrscht wird.

Das Gebäude ist in Sandstein ausgeführt und mit Kupfer gedeckt. Der Hauptbau wird durch regelmäßige Bogenstellungen gegliedert, die nach Bedarf als Tür oder Fenster mit reicher Sprossengliederung verwendbar sind. Durch die zahlreichen Bildhauerarbeiten Georg Wrbas, mit denen alle Flächen geschmückt sind, entsteht eine anspruchvolle Detailgestaltung, die von Zeitgenossen mit der Bauplastik des Zwingers verglichen wurde. Die Innenräume wurden von der Hand verschiedener Dresdner Künstler malerisch reich ausgeschmückt. Das „Basteischlößchen", das gleichzeitig entstand, bil-

Detail Beutlerhaus, Dresden, Foto 1915 (WV 133)

det einen kleinen Bau für sich und steht direkt am Elbufer.[2]
Über Erlweins Vorstellungen zur Gestaltung des Theaterplatzes berichtet er selbst: „Ein Jahr lang habe ich zunächst mir die Örtlichkeit angesehen und immer wieder angesehen. Oft, wenn ich morgens in mein Atelier gegangen bin, wanderte ich über den Theaterplatz ... und habe das alte Bild auf mich einwirken lassen. Es war mir wichtig, die Gründe zu finden, warum das alte einfache Gebäude („Helbigs") so harmonisch in seine Umgebung paßte, um daraus die Grundidee für den Ersatzbau abzuleiten. Die neue Aufgabe war dahin zu lösen, Gelegenheit zu schaffen, den Theaterplatz malerisch und monumental zu genießen, wenn man sich über die Brücke bewegte; daß das neue Gebäude klein sein müsse, um der Umgebung die Größe zu lassen, und daß es einfach silhouettiert sein müsse, um reizende Überschneidungen und einen schönen, stets wechselnden Einblick in den Platz zu gewähren".[3]

Die neue „Löwenapotheke" (1914) war einer der ansprechendsten Bauten, die Dresden aufweisen konnte. Mit ihr war ein energischer Anfang zur baulichen Reorganisation des gesamten Altmarkts gemacht worden. Wenn die künstlerischen Gedanken Erlweins nicht 1914 durch seinen Tod und den Krieg mit seinen Folgen so schnell unterbrochen worden wären, dann hätte sich das Bild des Altmarkts wahrscheinlich auch im Sinne Erlweins verändert.
Durch den Neubau der Löwenapotheke wurde eines der schönsten Stadtbilder aufgewertet, in dem Hans Erlwein durch das Vorsehen eines Laubengangs die Abgeschlossenheit des Altmarkts zu erhalten wußte. Die Verwendung eines Laubengangs an der Löwenapotheke wurde durch die benötigte Raumfläche nötig, um die es Erlwein als Erbauer ging. Der gestiegene Raumbedarf war das entscheidende Motiv für den Neubau. Das Apothekengebäude war ein großer vierstöckiger Putzbau mit Sandsteinerdgeschoß. Das vierte Obergeschoß trat gegenüber der Bauflucht durch eine Galerie zurück. Städtebaulich akzentuiert wurde das Eckgebäude durch den großen Erker mit reichem plastischen Schmuck des Bildhauers Georg Wrba, in Analogie zu den beiden anderen charakteristischen Erkern an den Eckhäusern der Schloßstraße. Von den Fenstern waren je drei zusammengefaßt, wobei das mittlere durch die Dreiecks-Bedachung betont wurde. Durch die plastische Durchgestaltung der Fassaden mit Motiven, die ihre Vorbilder in der Renaissance- und Barockarchitektur haben, entstand der Eindruck eines wohlhabenden und soliden Bürgerhauses, wie es die Dresdner noch vereinzelt in der See- und Schloßstraße sowie in der Wilsdruffer Straße oder auch am Altmarkt vorfanden. Der plastische Schmuck war betont zurückhaltend eingesetzt, im Gegensatz zu den meisten von Schmuck überladenen historistischen Sandsteinpaläste der ehemaligen König-Johann-Straße.[4]

Das „Beutlerhaus" (1914), das der Löwenapotheke benachbarte Haus in der Wilsdruffer Straße, bildete mit seinen strengen, klaren, klassizistischen Bauformen einen Gegensatz zur heiteren Beschaulichkeit des Apothekengebäudes. Da es 3,60 m zurücklag und niemals volles Sonnenlicht erhielt, gab ihm Erlwein eine eindringlichere architektonische Sprache, damit es sich künstlerisch behaupten konnte: unten eine Rustikaquaderung, oben eine fünfachsige, stark die Senkrechte betonende Pfeilerarchitektur, als Krönung einen rundbogigen, wappengeschmückten Giebel. Den Namen Beutlerhaus rechtfertigte das plastische Porträt des Oberbürgermeisters Otto Beutler, der die weibliche Sandsteinstatue der „Baukunst" in den Zwickeln zwischen den beiden mächtigen Schaufenstern stützte. Auch hier schuf Georg Wrba den gesamten plastischen Schmuck.[5]
Sowohl bei der Löwenapotheke als auch beim Beutlerhaus fand Hans Erlwein in dem Architekten und Mitarbeiter Carl Hirschmann die rechte Kraft als Kunstberater. Trotz ihrer Unterschiedlichkeit wirken beide Häuser gut ausgewogen und harmonisch. Während die Löwenapotheke in ihrer lockeren Gliederung an Dresdens üppigen Barock erinnerte und sich harmonisch an das Alte Rathaus anfügte, ohne in Konkur-

renz zu treten, trat das Beutlerhaus in klaren Formen hervor. Einzig die Läden ähneln in der Form den Schaufenstern der Apotheke.

Beim Umbau des „Neustädter Rathauses" (1912) wurde besonders in städtebaulicher Sicht beispielhaft gearbeitet. Bereits im Jahre 1909 wandten sich die Ladeninhaber des Neustädter Rathauses mit der Bitte an den Rat der Stadt, die nicht mehr zeitgemäßen kleinen Läden in große moderne Verkaufsräume umzugestalten und vor allem die Schaufenster zu vergrößern. Die Eingänge und die erweiterten Schaufenster wurden mit Bögen abgeschlossen. Die neuen Läden waren in ihrer Ausführung ein vortreffliches Beispiel für die nicht leicht zu lösende Aufgabe moderner Ladeneinrichtungen in alten historischen Gebäuden. Sie entsprachen allen Anforderungen der damaligen Zeit und passten sich stilgerecht in die Fassade des alten Bauwerks ein, denn der architektonische Charakter des 1750 bis 1754 erbauten wertvollen Gebäudes wurde durch die Ladeneinbauten nicht gestört, sondern vereinheitlichte ihn sogar, so daß das Neustädter Rathaus nachwievor eine Zierde der Dresdner Neustadt blieb.

Hans Erlwein brachte darüber hinaus auch durch die reich vergoldeten, gitterverkleideten Kunstschmiedearbeiten an seinen Neubauten (z.B. Obergitter an Türen und Schaufenstern, Beleuchtungskörpern in Form von Laternen, Brüstungsgittern, Aushängeschildern usw.) das Schmiedehandwerk in Dresden wieder zu künstlerischen Ehren.

Innerhalb seines architektonischen Rahmens geplante ornamentale Ausschmückungen ließ Hans Erlwein von Bildhauern stets in natürlicher Größe modellieren, so daß der Handwerker schon bei der Erteilung des Auftrags klare, unzweideutige Grundlagen für seine Ausführung erhielt. Die Vielfalt von derart entstandenen Kunstschmiedearbeiten mit besonderer handwerklicher Durchbildung für eine große Anzahl seiner Bauten und Innenräume waren bzw. sind noch heute zu bewundern: die Gitter mit Korbmotiv, ornamentale Gittertüren und ein großer Kandelaber in der Einfriedung der Auferstehungskirche (1907); die ornamentalen Fenstergitter und Gitterkörbe am Sparkassengebäude Schulstraße (1907); das ornamentale Gitter mit Blumenvasen-Motiv am Eingang zum Kesselhaus der 24. Bezirksschule Haydnstraße (1907); die Laterne in Form eines Hauses mit Mansarddach über dem figürlichen Träger eines Atlanten am Stadthaus Löbtauer Straße (1908); das Gitter mit floralen Motiven in der Einfriedung und in den Oberlichtfenster im Haupteingang am König-Georg-Gymnasium Fiedlerplatz (1907); die Laternen auf schmiedeeisernen Auslegern am gesamten Schulkomplex der 34. Bezirksschule Cotta (1911); die

Ladenumbauten Neustädter Rathaus, Dresden, Foto 1912 (WV 116)

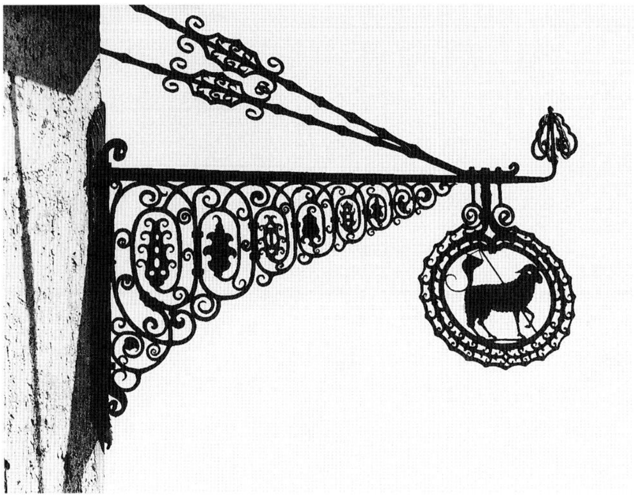

Ausleger, Städtischer Vieh- und Schlachthof, Dresden, Foto 1985 (WV 73)

Laterne, Stadthaus Johannstadt, Dresden, Foto 1985 (WV 129)

Gitter, Friedhofsmauer Auferstehungskirche, Dresden, Foto 1994 (WV 46)

Gittertüren mit floralen Motiven und lernenden Mädchen am Haupteingang und die Brüstungsgitter mit Motiven aus der Pflanzen- und Vogelwelt am dritten Obergeschoß der Höheren Töchterschule Zinzendorfstraße (1911); das Bogengitter mit dem Architektenzeichen von Hans Erwlein und verschiedenen Tieren in ornamentalen Rahmen im Amtszimmer des Stadtbaurats im Neuen Rathaus (1909); die Aushängeschilder und Gittertüren am Verkehrshäuschen Friedrichsring (1909); ein besonders kunstvoll gestaltetes Aushängeschild mit dem Wappenschild des Fleischerhandwerkes am Gaststättengebäudes des Städtischen Vieh- und Schlachthofs (1910); die Firmenschilder und schmiedeeisernen Laternen über den Ladeneingängen des Neustädter Rathauses (1912) und die reich ornamentierte Zweiflügeltür mit feststehender Umrahmung, die Oberlichtgitter der Türen und Schaufenster mit eingesetzten Beleuchtungskörpern, aufwendig künstlerisch ausgeführte Laternen an der Fassade und im Hof des Stadthauses Johannstadt Güntzplatz (1914). Die Modellierung der aufwendigen Kunstschmiedearbeiten wurde vorwiegend durch die Bildhauer August Strohrigl, Ernst Hottenroth und Georg Wrba vorgenommen; die Ausführung erfolgte durch die Kunstschlossereien Kühnscherf & Söhne, Maximilian Steck, Max Großmann, Carl Eduard Oertel und Georg Böschmann (alle aus Dresden).

Die Stadtsparkasse am Güntzplatz (1914) in Dresden-Johannstadt („Stadthaus Johannstadt") ist eine der reizvollsten Ecklösungen seiner Zeit in Dresden. Die beiden unteren Geschosse sind hier durch einen hohen Sockel bildende Sandsteinarchitektur zusammengefaßt. Im Erdgeschoß befindet sich ein ähnliches Bogenmotiv, wie es Erlwein bei seinem Umbau des Neustädter Rathauses (1912) angewandt hatte. Die beiden oberen Stockwerke sind in feingegliederter Putzarchitektur gehalten, deren zarte Tönung wie bei vielen Erlweinbauten von nicht unwesentlicher Bedeutung für die Gesamtwirkung bleibt. Die ganze Ecke nach dem Güntzplatz überdeckt ein großes, mächtiges graues Ziegeldach, in das drei giebelbekrönende Dachbauten hineinragen.[6]

Der „Aussichtsturm auf dem Wolfshügel" (1912) im König-Albert-Park der Dresdner Heide war ganz in Stahlbeton ausgeführt. Dem Baugedanken nach bestand der Turm aus zwei ineinander liegenden freitragenden Wendeltreppen, deren äußere Wange von mächtigen durchlaufenden Halbsäulen getragen wurde. Besonders erwähnenswert ist, daß sowohl der

Turmkern selbst als auch die vorgelagerten Halbsäulen eine Behandlung erhalten hatten, die dem Bauwerk im Anschluß an alte erprobte Werte die übliche Starrheit der Stahlbetonkonstruktionen nahmen.

Eingang, Stadtsparkasse Schulgasse, Dresden, AK um 1908 (WV 42)

1910 wurde die Umgestaltung des Innern der Sophienkirche notwendig, da das Gestühl erneuert, der Altarplatz vergrößert und eine neue Heizung eingebaut werden mußte. Außerdem erfolgten Umbauten im Kirchenschiff, wie der Verfüllung der aufgefundenen Grüfte und die Überdeckung mit einer Betonschicht. Hans Erlwein beseitigte die neugotischen Veränderungen des Architekten Christian Friedrich Arnold aus den Jahren 1864 bis 1866 und den grünen Ölfarbenanstrich. Er veränderte den Innenraum maßgeblich, indem er die Wände weiß, das Holzwerk aber tiefbraun streichen und einzelne Teile, namentlich Kapitelle und besondere Verzierungen, leicht vergolden ließ. Zur besonderen Wirkung der bemerkenswerterweise zweischiffigen Sophienkirche tragen auch die mehr als 80 Grabsteine aus dem 17. Jahrhundert bei, die man beim Umbau der Kirche aufgefunden hatte.
Eine besonders künstlerische Leistung liegt mit dem Einbau einer neuen, für Jedermann zugänglichen Krypta unter dem Altarplatz vor. In der vieleckigen und sehr farbig ausgemalten Krypta mit Kuppeldecke stehen die einheitlichen Särge der Fürstlichkeiten auf Podesten unter Halbbögen entlang der Wand.

Das „Stadthaus an der Kreuzkirche" (1913) ist ein weiteres Beispiel für Hans Erlweins städtebauliche Rücksichten. Er gab neuen Ansichten über Städtebau und Baufluchtlinien genügend Raum, und zwar dadurch, daß er eine ausspringende Ecke bildete und so die

Fenstergitter, Stadtsparkasse Schulgasse, Dresden, Foto um 1908 (WV 42)

Stadthaus Johannstadt, Dresden, AK 1914 (WV 129)

Pfarrgasse in einen engeren und einen weiteren Teil verlegte, wobei ein ruhiger Winkel entstand. Die Architektur sollte zwischen der monumentalen Kreuzkirche und den umliegenden Profanbauten vermitteln. Das Verhältnis zwischen Mauerfläche und Fensteröffnungen sowie die feine Durchbildung der Gesimse und ornamentalen Einzelheiten machten dieses neue Stadthaus zu einem bemerkenswerten Neubau kurz vor dem I. Weltkrieg.

Die „Feuerwache Louisenstraße" (1916) fällt durch ihre einfache und streng gegliederte Architektur auf. Erlwein schwebte schon beim Entwurf der Gedanke vor, daß das Gebäude durch eine schwere Linienführung seinen ernsten Inhalt dokumentieren müsse. Die Feuerwache steht als eingebautes Gebäude in der Louisenstraße. Es ist ein wuchtiger, viergeschossiger Bau mit zwei turmartig kräftig aufstrebenden seitlichen Anbauten (Risalite), die durch starke Lisenen gegliedert und mit Giebeln versehen waren, und einem mittleren rückwärtigen Anbau, an dem durch den Altan des dritten Obergeschosses mehr die Horizontale betont wird. Der Bau ist als Abschluß und Blickpunkt der dort einmündenden Förstereistraße gestaltet.[7] Mit der Einweihung dieser Feuerwache erhielt die Stadt Dresden eine der modernsten Feuerwachen Deutschlands, funktionell gut durchdacht und für damalige Verhältnisse von hoher Zweckmäßigkeit.

Zur Verbesserung des Feuerschutzes in den Vorstädten Striesen, Gruna und Seidnitz sowie zur Deckung der Johannstädter und Strehlener Feuerwehr bei Mittel- und Großfeuer wurde die „Feuerwache Schlüterstraße" (1907) nötig. Die 8. Bezirksfeuerwache war mit vier Fahrzeugen besetzt und so eingerichtet, daß gleichzeitig zwei Klein- oder ein Mittelfeuer selbständig gelöscht werden konnten. Für die Anordnung der Räume des Wachgebäudes war als Gesichtspunkt die „Ermöglichung der Bereitschaft zum Ausrücken in kürzester Frist" gegeben; deshalb wurden die Mannschaftsräume und die Fahrzeughalle eng zusammengelegt. Die Räumlichkeiten waren dem Zweck entsprechend nach künstlerischen Gesichtspunkten ausgestattet unter Anwendung einfacher, durch Malerei belebte Formen und unter Verwendung nicht kostpieliger, jedoch gediegener Materialien. Die Lage der Gebäudegruppe in der malerischen Vorstadt verlangte eine Anlehnung an die dortige behäbige Bebauung, eine gute Gruppierung und Silhouette der Baumassen, wobei der Zweck der Gebäude nicht verschleiert werden sollte.[8]

Bronzekartusche „Stadtbaurat Hans Jackob Erlwein Anno Domini 1910" von Bildhauer Georg Wrba, Foto 1910 (WV 73)

Anmerkungen:

1 BM, 13 (1914), 2. November-Heft, S. 17 (Hoegg, Emil: Hans Erlwein, Nekrolog)

2 Dresdner Kalender, 3 (1914), S. 94

3 Sächsisches Tageblatt vom 13.10.1974, S. 8

4 siehe Anmerkung 2, S. 95

5 Schumann, Paul: Berühmte Kunststätten, Bd. 46, Dresden, Leipzig 1922, S. 325

6 siehe Anmerkung 2, S. 95/96

7 siehe Anmerkung 5, S. 325 ff

8 DüB, 107. Flugschrift: Einfache städtische Nutzbauten in Dresden von Hans Erlwein, München 1913, S. 38/39

6. Industriebauten, Schulhäuser und Farbigkeit am Bau

Hans Erlwein gehörte zu den ersten Architekten, die im frühen 20. Jahrhundert damit begannen, vor allem Industriebauten nach reiner Zweckmäßigkeit zu errichten und die „Zweckform" als neuen Schönheitsbegriff zu propagieren. Ein Blick auf seine realisierten Industriebauentwürfe verdeutlicht dies. Die „Kläranlage Kaditz" (1908-1913), der „Gasbehälter Reick" (1908), die Gebäude des „Städtischen Vieh- und Schlachthofs" (1906-1910) und das „Städtische Speichergebäude" (1914) überzeugen durch ihre klare Linie und Zweckmäßigkeit.

Hinzu kam die Verbindung mit dem neuen Baumaterial Stahlbeton, der zu einem zeitweiligen Aufblühen der Architektur bei Industriebauten führte. Bei den reinen Zweckbauten Erlweins, wie dem „Kunstausstellungsgebäude an der Lennéstraße" (1916), der Bauten der „Hygienausstellung Dresden 1911" und der „III. Deutschen Kunstgewerbe-Ausstellung Dresden 1906" sowie dem „Wolfshügelturm" (1912), wird eine klassizistische Note und die Vorliebe für ruhigere, klare Flächen sichtbar.

Die Bauten Erlweins zeichnen sich durch schlichte Monumentalität aus, auch Nutzbauten sind dadurch ausgezeichnet worden, etwa der Gasometer in Dresden-Reick. Dessen weit gespannte und von fünf kubischen Seitentürmchen flankierte flache Kuppel paßt sich dem Stadtbild und der umgebenden Landschaft vorzüglich an. Besondere Aufmerksamkeit widmete Erlwein der Einordnung dieser Industrieanlagen in den Elbraum, wofür auch als gelungene Beispiele der Vieh- und Schlachthof und das III. Wasserwerk in Dresden-Hosterwitz zu nennen sind.[1]

Ein wesentliches Ziel Erlweins baukünstlerischer Tätigkeit war die Vernüpfung seiner Bauten mit der jeweiligen Stadtlandschaft. Das machte ihn zu einem Verfechter jener Bestrebungen, die unter den Namen „Heimatkunst" zusammengefaßt werden. Die Heimatkunst richtete sich gegen die historistische Architektur. Sie suchte ihre Vorbilder in der Tradition und im Volkstum.

Der Stahl in Verbindung mit Beton – der Stahlbeton – war nach der Jahrhundertwende der Baustoff des neuen Formwillens. Dabei gab es zwei verschiedene Ausführungen mit Stahlbeton. Eine Variante brachte das konstruktive Gerüst am Äußeren klar zum Ausdruck (Gasometer Reick). Bei der anderen Variante wurde der Stahlbeton nicht gezeigt, sondern er wurde durch Ziegel- bzw. Sandstein verkleidet, wie bei verschiedenen Schulbauten und dem Städtischen Speicher.

Der „Städtische Speicher" (1914) gilt als ein wichtiges Beispiel für die Hochhausentwicklung in Deutschland, obwohl Speichergebäude und höhere Türme (auch Wassertürme) nicht eigentlich zu den Hochhäusern zu zählen sind. Dieser monumentale Speicherbau mit einer Höhe von 43,50 m zeigt einfache, straffe Formen. Nur das hohe Mansarddach und die das Dach unterbrechenden zehn Giebel gliedern die gewaltigen Massen. Das Städtische Lagerhaus wurde in nur 15 Monaten erbaut und sollte in der Hauptsache zur Lagerung von Rohtabak und somit inbesondere der Zigarettenindustrie dienen. Es wurden aber auch Strohgeflechte, Spielwaren, Kolonialwaren (Kaffee, Zucker, Rosinen, Korinthen, Mandeln, Reis, Salz und andere nicht riechende Waren) gelagert.

Zierdecken in Stahlbeton

Auf der „Dritten Deutschen Kunstgewerbe-Ausstellung Dresden 1906" kam Erlweins Sitzungszimmer für die „Städtische Sparkasse" in Dresden mit einer Decke aus Stahlbeton zur Aufstellung. Diese Decke aus Stampfbeton mit Stahleinlagen wurde ohne Putz und ohne jegliche Verkleidung ausgeführt. Die Form der Kassettendecke kam den konstruktiven Anforderungen der Stahleinlagen entgegen. Interessant war die formale Behandlung im einzelnen, die Formbildung unter Beobachtung des Gesichtspunkts, daß der Vorgang der Herstellung keine Unterschneidung duldete. Interesse erregten ferner die unmittelbaren Materialwirkungen, deren größere oder geringere Feinheit durch entsprechende Mischungen beeinflußt werden konnte. Interesse erregte endlich die Möglichkeit der Hinzufügung der Farbe. Zurückhaltend verwendetes Gold, bescheiden wirkende und sparsam angewendete andere Töne eröffneten die Möglichkeit, in Verbindung mit dem feinen Grau des Materialtons anziehende farbliche Eindrücke hervorzurufen. Die Herstellung der mit Stahleinlagen versehenen Kassettenplatten erfolgte für die beiden verschiedenen Ornamente in Gipsfor-

men, nach deren Entfernung die sichtbaren Flächen mit verdünnter Salzsäure abgewaschen wurden, sodaß sich ein grobkörniges Gefüge zeigte. In gleicher Weise wurden die Ansichtsflächen der Balken behandelt, die in schellackierter gehobelter Schalung gestampft wurden. Die sichtbaren Flächen der Decke waren mit einer Vorlagemischung aus Zement und Kiessand und die übrigen Teile aus Zement, Kiessand und Syenitfeinschlag hergestellt worden.

Dieses Verfahren der Herstellung von Zierdecken aus Stahlbeton war durch die Fertigung der Kassetten in besonderen Formen und durch die Verlegung der fertigen Platten gekennzeichnet. Bei Decken, die zugleich als tragfähige Fußboden dienten, konnte dadurch, daß man zuerst die Platten verlegte, die Schalung der Balken und der Deckenuntersicht gespart werden.

Eine weitere Ausbildung solcher Zierdecken und die Anwendung des Betons für Ansichtsflächen von Innenräumen wurde beim Flur mit Säulen und Kassettendecken und der Treppe mit Säulen, Pfeilern und dem Handlauf im „König-Georg-Gymnasium" (1907) angewandt.[2]

Der „Städtische Vieh- und Schlachthof", eine durchweg großzügige Anlage, war 1910 wohl die kostspieligste, größte und modernste aller bisher in Europa erbauten Schlachthofanlagen (Gesamtkostenaufwand 17 Mio. M). Auf einer Gesamtgrundfläche von 36 ha (mit Reservebauplätzen) wurden bis 1910 90.500 qm mit 79 Hochbauten überbaut – bis 1915 war es eine kleine Stadt mit 90 (!) Baulichkeiten.

Diese mustergültige Anlage, die weitestgehend erhalten ist und neu genutzt wird, ist nicht bloß aufgrund ihrer modernen technischen Einrichtung bemerkenswert, sondern auch, weil die Anlage in ihrer Gesamtplanung und baulichen Ausführung den Anforderungen der Ästhetik Rechnung trägt. Das geschmackvolle Äußere der Gebäude wurde mit einfachsten Mitteln erreicht. Der erste Eindruck, den der gesamte ehemalige Vieh- und Schlachthof von außen auf den Besucher macht, ist der einer Gartenstadtanlage, und erst beim Passieren des Pförtnerhauses erkennt man die einstige Nutzung.

Die bauliche Anlage gliedert sich in zwei Hauptgruppen, den ehem. Schlachthof und den ehem. Viehhof, sowie in verschiedene Nebenanlagen, deren wichtigste die ehem. Sanitäts- und Pferdeschlachtabteilung bildet. Einen großen Kostenaufwand verlangten die enormen Geländeauffüllungen. Im großen Ostra-Gehege an der Elbe wurde eine 2,5 m hochwasserfreie, aufgeschüttete Insel geschaffen, die sogenannte Ostra-Insel oder Schlachthofinsel.

Rechts vom Eingang liegen das ehem. Verwaltungsgebäude und die ehem. Beamtenwohnungen, in der Mitte das Pförtnerhaus mit vorgelegtem „Stierbrunnen" des

Rückansicht, 31. Bez.-Schule Junghansstraße, Dresden, Foto 1914 (WV 128)

Bildhauers Georg Wrba und links die geräumigen Gaststätten- und Wirtschaftsgebäude. Das hotelähnliche Gaststättengebäude mit Börsensaal und 40 Fremdenzimmern war mit allem Komfort ausgestattet und besitzt dahinter einen großen Wirtschaftsgarten mit Gartenausschank. Die Hauptbetriebsgebäude liegen an beiden Seiten der mächtigen Verbindungshalle, die 1910 mit ihrer freitragenden Stahlbetondecke und einer Weite von 23 m in Deutschland Rekord war, vier große Schlachthallen und das ehem. Kühlhaus. Das ehem. Kessel- und Maschinenhaus wurde getrennt erbaut. Auf einen eigenen Wasserturm wurde verzichtet. Der 50 m hohe Schornstein mit Wasserbehälter ist ganz umbaut und bildet das markanteste Bauwerk der Anlage. Seine eigenartige Silhouette hat dem originelle Baukörper den Beinamen „Schlachthofkirche" eingetragen.
An der ganzen Nordseite des Geländes liegt der mächtige ehem. Sanitäts- und Pferdeschlachthof, größer als der ganze Schlachthof mancher kleinen Stadt. Dieser Bereich besitzt ein eigenes ehem. Verwaltungsgebäude und ein ehem. Kühlhaus für Krank- und Pferdefleisch. Als zum Sanitätsschlachthof gehörig liegen hier auch die ehem. Auslandsviehstallungen, für die eigene Ausladerampen vorhanden sind. Die ehem. Markthallen und Futterställe des Viehhofs befinden sich im Westteil und haben direkten Bahnanschluß.
Zur Sicherheit der weiträumigen Anlage dient die 2,5 m hohe Umfassungsmauer aus Backsteinen, die mit Ziegeln abgedeckt ist und mit runden Gartenhäuschen aufgelockert wird.
Die große Industrieanlage fügt sich in harmonischer Weise dem gegebenen Standort ein, so daß sie nicht störend wirkt und das typische Stadtbild erhalten bleibt bzw. aufgewertet wird. Von der Brühlschen Terrasse, wie von der Augustusbrücke und von der Marienbrücke wirkt sie als geschlossenes Ganzes. Durch Anwendung der heimischen Bauweise – Putzbauten mit Ziegeln eingedeckt, Giebelarchitektur und einer interessanten und vielseitigen Dachlandschaft – erhielt die Vieh- und Schlachthofanlage ein individuelles und in die Umgebung sich gut einfügendes Erscheinungsbild.[3]

Das „III. Wasserwerk Hosterwitz" (1908) besteht aus zehn unterschiedlichen Baulichkeiten mit ländlichem Charakter. Diese Bauten vereinigen sich zu einer stattlichen Gruppe, die ähnlich einem modernen Gutsanwesen in der Mitte des Geländes zwischen Elbe und Hang liegt. In ihrer ländlichen und heimatlichen Bauweise und in all ihren Formen ist die Bauweise an die schöne Umgebung angepaßt. Die einzelnen Gebäude zeigen wiederum ihre besondere Zweckbestimmung in ihrer äußeren Gestaltung. Der große Schornstein des Kesselhauses mußte allerdings zwangläufig als störender Baukörper in Erscheinung treten. Jedoch versuchte Erlwein diese Störung des Landschaftsbildes dadurch zu überwinden, indem er die 50 m hohe Esse mit weißen Glasurziegeln verkleidete.

Beim „Gasbehälter Reick" (1908) wurde zum ersten Mal ein Bauwerk in solchem Umfang aus Stahlbeton errichtet. Das rein funktionale Gebäude schloß von vornherein aufwendig-schmückende Bauformen, wie Zinnen und Arkaden bzw. rein ornamentale Zutaten, aus. Der Gasbehälter ergänzt zwei ältere von 1878, die in ihren Bauformen noch mehr oder minder an das Kolosseum oder die Engelsburg in Rom erinnern. Der Sachstil und das neue Material erforderten von Erlwein eine ganz andere Behandlung eines derartigen Nutzbaus. Das ungeheuere Fassungsvermögen des Behälters von 110.000 Kubikmetern legte es Erlwein vor allem nah, für die Anlage eine sparsame Form zu finden, d.h. der Ummantelung bei größtem Inhalt den kleinsten Umfang zu geben. Da die überhaupt sparsamste Form, die Kugel, ausgeschlossen war, ergab sich eine Zylinderform annähernd gleich im Durchmesser und in der Höhe. Auf Grund dieser Form wurden eingehende Umrißstudien und Untersuchungen über die Wirkung des Behälters im Stadtbild angestellt und danach die entgültige Form und Größe bestimmt.
Das Projekt für den neuen „Gasbehälter Reick" (1913) fällt besonders angenehm durch seine imponierende Größe und seine Formenschönheit auf. Der neu projektierte Gasbehälter sollte eine Höhe von nahezu 80 m und einen Durchmesser von 56 m erhalten.

Schulhäuser

Zu den wichtigsten Aufgaben einer Gemeindeverwaltung gehört die Erbauung gemeinnütziger Anlagen, die allen Anforderungen der Hygiene und Technik entsprechen sollten. In dieser Hinsicht, und besonders im Schulneubau, glänzte die Stadt München um die Jahrhundertwende besonders positiv. Mit Karl Hocheder, Hans Grässel und Theodor Fischer wirkten hier die führenden Architekten des neuen Schulbaus. In Berlin zeichnete sich besonders Ludwig Hoffmann als Erbauer von Schulen aus. Die Musteranstalten der oben genannten Architekten wirkten sich belebend und ermunternd auf das gesamte Gebiet des Schulbauwesens aus.
Das erste Schulhaus, das Hans Erlwein entwarf, war die Luitpoldschule in Bamberg. Sie war in damaliger

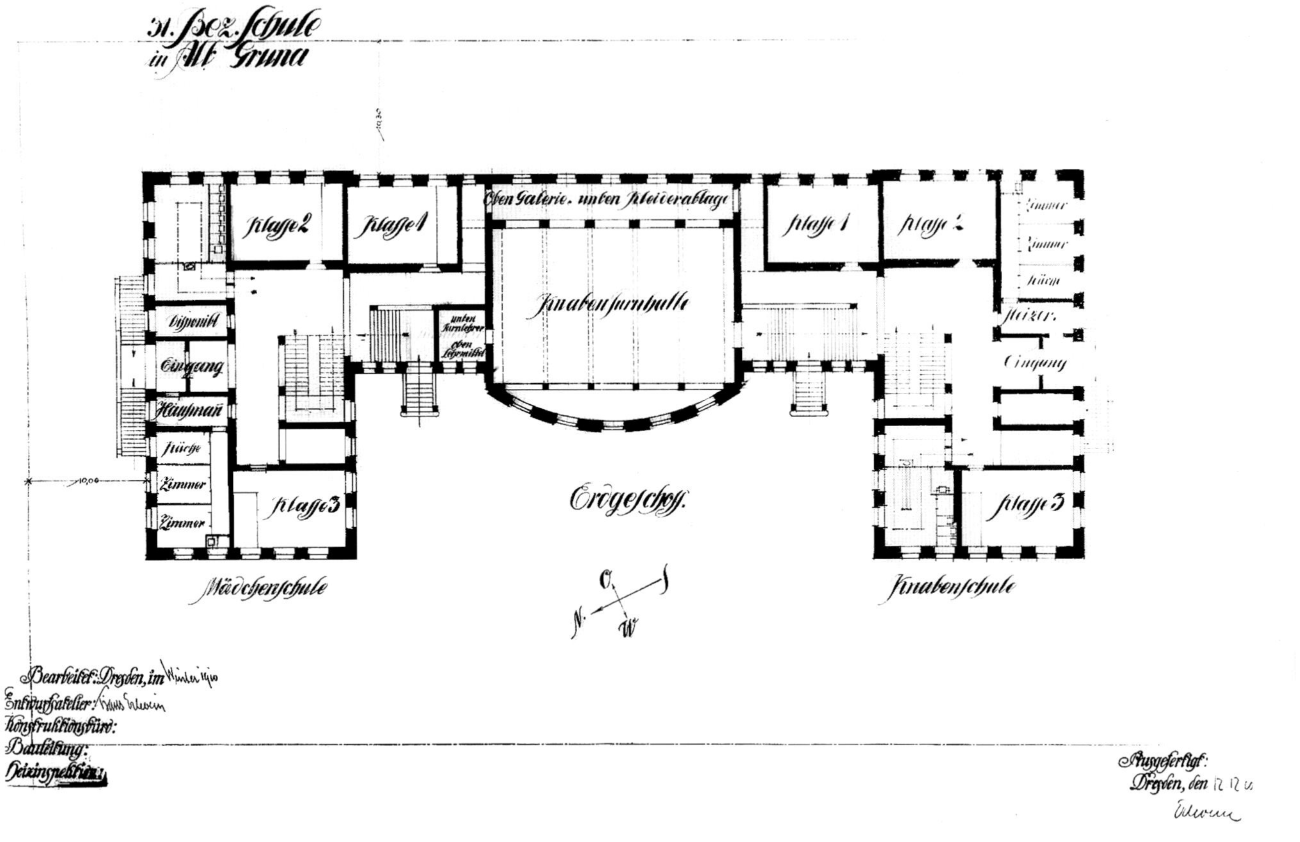

Grundriß, 31. Bez.-Schule Junghansstraße, Dresden, Foto 1910 (WV 126)

Zeit eine Musteranstalt ersten Ranges, die sich nicht zuletzt durch ihren funktionalen Grundriß auszeichnete.[4] Außerdem berücksichtigte Erwein die städtebauliche Lage, indem er mit den Renaissancegiebeln Akzente setzte. Der gut erhaltene Bau wurde von Erlwein zudem so entworfen, daß man beispielsweise aus keinem Fenster der Klassenzimmer den anschließenden Friedhof sehen kann. Außerdem nahm sich hier Erlwein der unterschiedlichen Farbigkeit am Bau an. Er verwendete Putzflächen und Sandstein, den er im Erdgeschoß, für die Tür- und Fenstergewände sowie für die Bauverzierung einsetzte. Bereits bei diesem Schulbauneubau verwirklichte Erlwein bereits sein Grundprinzip, Mitarbeiter aus allen Bereichen der bildenden Kunst für die Baumaßnahme einzubinden.

Für die Stadt Dresden schuf Hans Erlwein von 1906 bis 1916 insgesamt dreizehn unterschiedliche Schulneubauten; die verschiedenen, teils erheblichen An- und Umbauten vorhandener Schulen nicht eingerechnet. Die Zeit, in der die nüchterne Schulkaserne oder der Schulpalast üblich waren, bei dem der Reichtum der Schauseite und die Anzahl ihrer Einzelformen den Stolz des Erbauers und das Entzücken des Betrachters ausmachten, waren kurz nach 1900 vorüber. Mit der neuen Generation wurde der Wert der Gestaltung nicht nur auf die Front, sondern auf die gesamte Erscheinung des ganzen Baukörpers, seine Massengliederung und seine Silhouette sowie seine Einpassung in die Nachbarschaft gelegt.[5] Dazu soll Hans Erlwein einmal in Gegenwart des jungen Architekten Ludwig Wirth, der erst frisch aus Bayern nach Dresden gekommen war, gesagt haben: „Rückfronten gibt es bei mir nicht!"[6]

Zur Veränderung der Architektursprache hatten nicht nur der Geschmackswandel und neue Bautechniken beigetragen, sondern auch die Möglichkeiten der Fotografie und die veränderten Arbeitsweisen im Atelier des Architekten. Während zuvor der Architekt mit spitzem Bleistift und Reißschiene am Zeichentisch saß und günstigenfalls eine aquarellierte Fassade seine Entwurfsarbeit beschloß, wurde nach der Jahrhundertwende der bildsame Ton und der Spachtel heimisch (Modellanfertigung) und die mit breiten Kohlestrichen hineingesetzte Perspektivzeichnung. Sie zwangen zum Abgehen vom Detail und zur Behandlung im Ganzen, und so sehen wir auch bei den Bauten von Hans Erlwein in fortschreitender Entwicklung immer größere Klarheit und Einheit, immer ausgesprochenere Beherrschung der Massen, vom „König-Georg-Gymnasium"

(1907) über die „24. Bezirksschule Haydnstraße" (1907) bis zur „34. Bezirksschule Cotta" (1911), der „XI. Bürgerschule Riesaer Platz" (1915), dem „Ehrlichschen Gestift Blochmannstraße" (1912) und der „Neustädter Studienanstalt Weintraubenstraße" (1915). Überall, im Äußeren wie im Inneren, wurde erst für die Gliederung der Massen, für Silhouette, für den Rhythmus der Flächenaufteilung gesorgt und dann erst der farbige oder plastische Schmuck je nach den Mitteln geplant. Die Bauplastik war nur noch Zutat, die vermehrt oder vermindert werden konnte, ohne daß die Struktur des Bauwerks Einbußen erlitt. Das galt nicht nur für das plastische, sondern auch das farbige Detail. Erlwein versuchte, durch die Anordnung des plastischen Schmucks und durch eine kräftige, freudige Farbengebung sowie durch eine aus dem Zweck heraus entwickelte Gestaltung und einfache Mittel auch dem Detail den Sinn für das Wirkungsvolle zu geben. Mit Zu-rückhaltung und Maßstäblichkeit versuchte er, eine Fläche zu beleben, Gegensätze zu schaffen, Maßstäbe zu verändern oder auf einen wichtigen Bauteil, z.B. einen Eingang oder eine Treppe, besonderes Augenmerk zu lenken. Diese Aspekte sind bei der 32. Bezirksschule Neugruna (1909) besonders gelungen.

Gerade aufgrund der guten Massenverteilung, der übereinstimmenden Klarheit des Grundrisses und Aufbaus, den günstigen Umrißlinien, der Verteilung der schmückenden Teile sind die Erlweinschen Bauten bemerkenswert, wie beim König-Georg-Gymnasium in Johannstadt und bei der Neustädter Studienanstalt. Das Einfügen in die Umgebung ist bei den Schulbauten aufgrund ihrer Größe eine besondere Anforderung an den Architekten. Vor allem die 34. Bezirksschule mit 61 Klassen, die Schule in der Haydnstraße mit 41 Klassen und diejenige in Gruna mit 27 Klassen sind von besonderer Größe. Dennoch gelang es Erlwein, diese in die Nachbarbebauung fast unauffällig einzubinden. Entscheidend ist dabei die maßstäbliche Behandlung der Gebäudeumrisse. Viel trägt zu ihrer Einordnung auch die geschickte Vorlegung kleinerer Bauteile bei, wie z.B. an den Schulen in Cotta und Neugruna, die sich in einem Villenviertel befinden. Das Ehrlichsche Gestift, ein aus mehreren Bauten und unterschiedlichen Bauphasen und Baustilen bestehender Gebäudekomplex, wurde durch den vorgelegten Verbindungsgang geschickt zusammengefaßt.

Ein Glanzstück unter Erlweins Schulen ist die „Studienanstalt für Mädchen" (1915) an der Weintraubenstraße. Es ist das reizvollste und anmutigste Schulgebäude, das Erlwein für Dresden schuf. Die hufeisenförmige Anlage formt einen großen Vorhof, der als Turn- und Spielplatz dient. Die Hauptschauseite verkündet den Grundriß des Hauses: der Mittelbau mit den Glastüren umfaßt die Turnhalle unten und den Festsaal mit hohen zweigeschossigen Fenstern darüber; die Klassenzimmer liegen in den Seitengebäuden, Treppen und Gänge an der Rückseite des Hauptgebäudes. Die Vorderseite verdankt ihre prächtige Wirkung nicht kostbaren Baustoffen, sondern dem klaren wirksamen Aufbau, der wohlberechneten Steigerung der Formen und der Farbe. Aus Grau, Grün und Gold ergibt sich eine der Architektur angemessene, fast heraldische Farbenharmonie, die dem Schulbau das Gepräge einer gewissen feierlichen Monumentalität gibt. Diese wird aber gemildert durch sechs plastische Gruppen des Bildhauers Oskar Döll, die den breiten Austritt des Hauptgebäudes krönen.[7]

Das durchweg schlichte Material der Fassaden charakterisiert die Schulbauten Erlweins: Es handelt sich durchweg um Putzfassaden aus Weißkalk. Der Sockel ist aus Vorsatzbeton gestockt, und das stets großflächige Dach erhielt naturrote Ziegel. Weiß war die Farbe des körnig gehaltenen Putzes, auf dem alle übrigen Farbwerte, das rote Dach, die kupfernen Rinnen und Gesimsabdeckungen, die grünen Fensterläden, die dunklen Türen, die gelben Brüstungsfüllungen z. B. der 24. Bezirksschule Haydnstraße, der Erker aus lasiertem Eichenholz, wie z. B. des Direktorzimmers an der 32. Bezirksschule Neugruna, und nicht zuletzt auch die erhaltenen umgebenen Bäume und Sträucher zur vollen Wirkung kommen.

Im Inneren wurde weitgehend die Farbe Weiß verwendet. Die Decken und die oberen Teile der Wände waren in allen Klassenzimmern völlig weiß, bis zur Sockelleiste bestanden sie aus farbigen Tonplatten, ebenso die Treppenhäuser. Die Ausführung erfolgte in dem ebenso kostengünstigen wie hygienisch vorteilhaften Kalkanstrich mit Alaunzusatz, der jederzeit eine Auffrischung gestattete. Um so farbiger, tiefer im Ton wurde dann der Wandsockel, der ornamentale Schmuck, der Anstrich der Türen und des Mobilars, der Fliesen an Wandbrunnen und Fensterabdeckungen gehalten. Damit entstand überall eine wohnliche oder behagliche Stimmung. Wo es aber die Raumbestimmung wünschenswert erscheinen ließ, wurde auch im ganzen eine kräftige warme Farbskala angeschlagen, so in den Verwaltungsräumen, Direktor-, Lehrer- und Konferenzzimmern.

Die Turnhallen erhielten eine Holzdecke, wie in der 34. Bezirksschule Cotta, in der 32. Bezirksschule Neugruna

und bei der zweiten Turnhalle für die 35. Bezirksschule Löbtau (1906).
Ein Beispiel für eine gelungene Farbgebung ist die Aula des König-Georg-Gymnasiums am Fiedlerplatz mit graugehaltener Stofftapete, einer dreifach unterteilten, durch ein Gemälde des Malers Otto Gussmann geschmückten Decke und ebenfalls einen starken Farbakzent gebenden Loggia. Auch das Treppenhaus ist hier farbig bedeutsam. Gegen die aus grauem gestocktem Beton hergestellten Treppenhauspfeiler, Brüstungen und Decken sind in Gold gehaltene Kassettenfüllungen, gelbe Wandflächen und schwarzbraune Holzflächen gestellt.
Dieser farbige und ebenso auch der plastische Schmuck wurde zwar sparsam und mit Zurückhaltung, immer aber mit Bewußtsein genau abgestimmt. Der Inhalt wurde meist aus dem, dem Kindern geläufigen Vorstellungskreise, den Märchen und Sagen gewählt, aber auch der Humor kam zu seinem Recht, wenn z.B. an der 34. Bezirksschule Cotta weitgehende Sparsamkeit eines Stadtverordneten die Wünsche des Architekten

Rückansicht, Domschule, Bamberg, Foto 1992 (WV 16)

allzu stark zu beschneiden bestrebt war (farbiges Terrakotta-Relief am Südflügel).
Von den mitarbeitenden Künstlern sind erwähnenswert die Maler Otto Gussmann, Paul Perks, Paul Rößler, Karl Schulz und die Bildhauer Ernst Hottenroth, Karl Groß, Georg Wrba, Leopold Armbruster, August Strohrigl.
Sie hatten es verstanden, ihre Kunst in den Dienst der Architektur und der Vorstellungen Hans Erlweins zu stellen, sich den architektonischen Gedanken mit einer gewissen Selbstentäußerung feinfühlig einzuordnen. Somit geben die Dresdner Schulbauten Erlweins gerade für das Zusammenwirken von Architekt, Maler und Bildhauer ein gutes Beispiel.

Die Unterbringung der Unterrichtsräume erfolgte in drei bis vier Geschossen und in einem ausgebauten Dachgeschoß. Das Unter- bzw. Kellergeschoß wurde grundsätzlich nicht zu Unterrichtsräumen genutzt, nur die Duschen und die umfangreichen Heizungs- und Lüftungsanlagen oder ausnahmsweise einmal eine Werkstatt an der Südseite konnten hier gegebenfalls untergebracht sein.

Erweiterungsbau Ehrlichsches Gestift, Dresden, Foto 1912 (WV 97)

Da das System des einseitig bebauten Korridors bei der Größe der Schulgebäude und den gewöhnlich beschränkten Abmessungen des Bauplatzes nur ausnahmsweise durchführbar war, wurden die Klassenzimmer auch hauptsächlich um einen Mittelkorridor gruppiert (mit dieser Grundrißgestaltung erhielt Erlwein teilweise Kritik). Doch beweisen die Grundrisse, daß durch geschickte Eingliederung von einseitig freien Flurteilen, Treppen, Vorplätzen, Kleiderablagen usw. für eine ausgesprochene Lichtzufuhr und für Raumwechsel gesorgt und so der eintönige lange Mittelgang nach Möglichkeit vermieden werden konnte.

Die Breite der Treppen und die Anzahl der Ausgänge wurden stets von Erlwein so reichlich konstruiert, daß ein schnelles Verlassen des Gebäudes unter allen Umständen gesichert war. Im Allgemeinen wurden wenigstens zwei Treppenhäuser angeordnet; an den Eingängen waren Windfänge vorgesehen und Heizkörper aufgestellt.

Die Größe der Klassenzimmer lag durchweg bei 6 m x 9 m. Erst bei den Schulen nach 1912 war Erlwein unter das Längenmaß von 9 m herabgegangen, soweit es sich um Klassen mit einer geringeren Besetzung als 40 Schülern handelte.

Die charakteristische Fensterordnung bestand aus vier oder fünf schlanken, mit geradem Sturz versehenen, bis dicht unter die Decke reichenden Fenstern bei ganz schmalen, höchstens 0,50 m breiten Zwischenräumen. Die im architektonischen Rhythmus angebrachten Kasten- oder Doppelfenster gewährten eine große Lichtfülle und eine gleichmäßige Lichtverteilung.

Von den übrigen Räumen boten die Kochlehrküche im Dachgeschoß und die Dusche im Kellergeschoß mit einfacher, zweckmäßiger Ausstattung Besonderheiten. Die Unterbringung der Küche unter dem Dach hatte sich bewährt. Nirgends ließ sich der erforderlich große Raum so leicht im Gebäude erübrigen als im Dachgeschoß, nirgends auch ein Raum mit zwei an den entgegengesetzten Gebäudefronten gelegenen Fensterreihen bilden, die die Möglichkeit ausgiebiger Durchlüftung boten, nirgends auch ließen sich die Geruchsübertragungen auf die anderen Teile des Hauses so leicht als

hier vermeiden. Die Brausebäder hatten sich in ihrer 1906 eingeführten Form bewährt. In einem ca. 18 m langen Raum des Kellergeschosses wurden 16 Einzelduschen und 50 offene Kleiderzellen eingebaut.
Die Aborträume wurden grundsätzlich mit einem besonderen Lüftungsraum versehen und ausgiebig dimensoniert. Im Vorraum wurde stets für Waschgelegenheit gesorgt.
Die Turnhallen wurden vielfach eingebaut, nicht selten aber auch als selbständige Gebäude ausgeführt und dann mit überdecktem Gang mit dem Hauptgebäude in Verbindung gebracht. Bei den direkt unter dem Dach gelegenen Turnhallen war die Decke meist in die Dachkonstruktion einbezogen und farbig behandelt; eine besonders gelungene Decke mit farbigen Kassetten findet man in der 34. Bezirksschule in Cotta.

Farbigkeit am Bau

Die Geschichte der Architektur zeigt, daß die Farbe immer ein wesentlicher Bestandteil des architektonischen Entwurfs ist. Die Farbe wird in den Gestaltungsvorgang mit einbezogen. Diese Arbeitsweise übernahm Hans Erlwein bei seinen Bauideen bzw. seinen Entwürfen von Anfang an. Er legte dabei die Hauptschwerpunkte auf den malerischen Anstrich, die Farbigkeit des Daches und bei den verschiedenen architektonischen Detailformen, wie z. B. den Lisenen, Gesimsen, den Türen (Türfüllungen), Fenstern (Fensterrahmen, -kreuze und -läden, Rollos) und nicht zu vergessen der Eigenfarbe des Baumaterials (Sandstein, Granit usw.). Die Anstrichfarben waren Weiß, Ocker, Grau und Grün. Diesen Grundsatz verwirklicht er auch bei der farbigen Raumkomposition.
Seine Vorstellungen von einer farbigen Architektur und seine dazu entwickelte Art und Weise, verweisen auf eine umfassende Sichtweite, die immer wieder auf drei Elemente zurück greift, auf Lebenskultur, Ästhetik und Funktion. Wenn auch in unterschiedlichem Maß an den verschiedenen Objekten in Bamberg und vor allem in Dresden verwendet, bestimmen diese Elemente Hans Erlweins Gesamtwerk.
In Dresden war der Farbkolorit auf einer zarten, eleganten und nie extremen oder grellen Skala aufgebaut, entsprechend der barocken Hauptwerke der Stadt. Alles war Ton in Ton. Das Bauen mit Farbe setzte hier eine künstlerische Verantwortlichkeit voraus, die imstande war, das Charakteristische der Stadt am Elbestrom wiederzugeben.[8]
Erlwein entwickelte mit seinen Bauentwürfen gleichzeitig den Baufarbenwurf. Er ging dabei stets von der am Bauplatz vorhandenen Gesamtsituation aus, da jeder Bau unter neuen Bedingungen zu lösen war. Er ließ zunächst die nähere und weitere Umgebung hinsichtlich ihrer strukturellen und farblichen Bestandteile auf sich wirken, um die geeignete Farbe bzw. Eigentönung des Baumaterials und der Details für das Bauvorhaben zu ermitteln. Er vermied mehr als zwei oder drei kontrastierende Farbtönungen anzuwenden, nutzt aber geschickt Weiß- und Grauwerte an Gesimsen, Brüstungen, Lisenen usw., um auf dieser Basis Einzelheiten farbig abzuheben – wie Fensterrahmen und -läden, Faschen, Türen, Giebelwände, Gitter, Roll- und Klappläden, Jalousien usw.
Eine besondere Liebe brachte Erlwein in Dresden den Vergoldungen von plastischen Details entgegen, damit auch seine Verehrung des Barockstils huldigend, wie z.B. die Löwenapotheke, das Beutlerhaus, die Restaurierung der Fassade des Alten Rathauses, der Artesische Brunnen, die Studienanstalt für Mädchen und das Stadthaus An der Kreuzkirche belegen.
Die Farbfassungen der „Studienanstalt für Mädchen Weintraubenstraße" (1915), am „Stadthaus An der Kreuzkirche" (1913), der „Löwenapotheke" am Altmarkt (1914), am „Stadthaus Johannstadt" am Güntzplatz (1914), an der „II. Turnhalle für die 35. Bezirksschule" in Löbtau (1906) und der „31. Bezirksschule Altgruna" (1914) setzten neue Akzente innerhalb des Dresdner Stadtbildes.[9]
Es sind nun schon über 80 Jahre her (also um 1920), seit Max Tauts „Aufruf zum farbigen Bauen" u.a. durch die Architekten Peter Behrens, Walter Gropius, Bruno Paul, Hans Scharoun und Fritz Schumacher umgesetzt wurde. Der Kernsatz dieses Aufrufes lautete: „Wir bekennen uns zur farbigen Architektur und wollen keine farblosen Häuser mehr bauen und erbaut sehen!"[10]

Anmerkungen:

1 Denkmale in Sachsen, Weimar 1978, S. 90 und S. 371 ff

2 DBZ, Mitteilungen über Zement, Beton- und Eisenbebeton, 3 (1906), Nr. 24, S. 93/94

3 Schwarz, Otto: Bau, Einrichtung und Betrieb öffentlicher Schlacht- und Viehhöfe, Berlin 1912, S. 621 ff

4 SBZ, 10 (1900), S. 197 ff

5 Das Schulhaus, 15 (1913), S. 148 (Hennig, Edmund: Die Erlweinschen Schulbauten in Dresden)

6 DNN vom 29.05.1930, S. 3 (Gurlitt, Cornelius: Das Gemeindehaus der Andreaskirche. Ein neues Werk Ludwig Wirths)

7 Schumann, Paul: Berühmte Kunststätten, Bd. 46, Dresden, Leipzig 1922, S. 323

8 Hirschmann, Carl: Dresden und das Bauen mit Farbe, in: Sachsens Städtebau 1928, S. 53

9 Leistner, Rudolf: Dresdner Originale – Hans Erlwein-, in: Dresdner Neue Presse vom 08.12.1935

10 Gatz, Konrad / Achterberg, Gerhard: Architektur farbig, München 1966, S. 11

7. Wohnungs- und Kleinbauten

Als Hans Erlwein seine Bautätigkeit in Dresden begann, nahm auch der Wohnungsbau einen entscheidenden Aufschwung. Die Forderung nach Bewältigung der Bauaufgabe „Arbeiterwohnung" wurde auch dem neuen Stadtbaurat erstmalig gestellt. Die sprunghaft angestiegenen Bedürfnisse nach Kleinwohnungen waren eine Folge der Industrialisierung. Entscheidend waren dabei u.a. die Reduzierung der Großfamilien zu Kleinfamilien, die Trennung von Wohnung und Arbeitsplatz und die niedrigen Einkünfte der Arbeiter. Die Lösung der Aufgabe „für die breiten Massen der Arbeiter und kleinen Angestellten ein angemessenes Wohnen zu entwickeln", war das Ziel der Wohnungsreformbewegung, die als Reaktion auf die durch die Wohnungsnot hervorgerufene Notlage entstand.[1] Die sozial schlecht gestellten Bevölkerungsschichten ver-

Kleinwohnungsbauten Bünaustraße, Dresden, Foto 1913 (WV 108)

Hofansicht, Asyl für Obdachlose, Dresden, Foto um 1928 (WV 123)

langten bessere Wohnverhältnisse. Ziel war es, gesunden und vor allem billigen Wohnraum für Arbeiter zu schaffen. Wichtige Impulse gingen in Dresden von fortschrittlichen Einzelpersonen und vom Grundstücksamt des Rats der Stadt Dresden aus, die in einer guten Wohnung die Grundlagen für die Gesundheit und für das Familienleben sehen.

Um dem sehr fühlbaren Mangel an Kleinwohnungen abzuhelfen, baute Hans Erlwein in den Jahren 1911 bis 1913 dreizehn Wohngebäude (teils als Reihenhäuser aus den Mitteln der Dr. Krenkel-Stiftung, teils als Häusergruppen aus den Mitteln der Johann Mayer-Stiftung und an der Wildermannstraße) mit über 100 Kleinwohnungen für minderbemittelte kinderreiche Familien und drei Häuser für Obdachlose in Altpieschen, dazu kamen noch drei Häuser für kinderreiche Angestellte der Städtischen Straßenbahn mit 56 Kleinwohnungen an der Bünaustraße.

Für die drei Häusergruppen der Dr. Krenkel- und Johann-Mayer-Stiftung (1910-1912) war es nicht so einfach, den Charakter des Heiteren und Wohnlichen zu finden, da bei solcher Massenproduktion gar zu leicht ein trockener, kasernenmäßiger Eindruck erreicht wurde. Dabei ging es vor allem darum, durch gute Verhältnisse im Bau, derWandfläche zum Dach usw. mit Rhythmus in der Verteilung der Fenster sowie einfachen, am richtigen Platz sitzenden plastischen Schmuck oder durch die Farbigkeit eine monotone Stimmung zu vermeiden.[2]

Die Häuser liegen auf einem von der Klingestraße nach der Dölzschener Straße durchgehenden Baublock. Der Geländeunterschied beider Straßen, der mehr als 2 m beträgt, ist in der Hofanlage durch terrassierte Gärten, Spiel- und Wiesenplätze sinnvoll ausgeglichen. Die Wohnungen haben fast durchweg geräumige und belichtete Vorplätze und in den Häusern der Dr. Krenkel-Stiftung gibt es große Balkone. Jede Wohnung besaß

Küche mit Durchsicht zum Wohnraum, Asyl für Obdachlose, Dresden, Foto um 1928 (WV 123)

schon zur Erbauungszeit ihren Innenabort. Die Decken sind sämtlich in Stahlbeton ausgeführt und die Wohnräume so orientiert, daß sie nur ausnahmsweise nach Norden liegen. Das Äußere ist in einfachster Weise und nur mit Rücksicht auf die Wirkung voll abgewogener Verhältnisse von Öffnungen und Flächen durchgebildet. Die rhythmische Wiederkehr der gleichen Gebäudeart macht in Verbindung mit der sparsamen, aber wirkungsvollen verteilten Sgraffitomalerei von anheimelnder Wirkung und läßt die Häusergruppe als für sich abgeschlossenes Ganzes erscheinen. Die Häuser der Johann-Mayer-Stiftung sind achsial zur Dr.-Krenkel-Stiftung als zwei asymmetrische Gebäude ausgeführt. Jedes Gebäude ist ein Doppelhaus, die Eingänge sind vom Hof aus zu betreten. Der gemeinsame Eingang von der Straße aus ist architektonischer durchgebildet und mit Gartenanlagen ausgestattet.

Mit liebevollem Verständnis für die Bedürfnisse der „kleinen Leute" und ihres zahlreichen Nachwuchses hatte Erlwein auf dem Gebiete des Kleinwohnungsbaus einfach Mustergültiges geschaffen und damit glücklich in das Kleinwohnungswesen eingegriffen.

Diese Kleinwohnungsbauten kamen vorwiegend in den Arbeiterwohngebieten in Dresden-Löbtau, Dresden-Pieschen und Dresden-Trachau zur Ausführung. Hier wurde mit den einfachsten Mitteln eine schmucke Architektur erreicht, und sie linderte dort den sehr fühlbaren Mangel an Wohnraum.

Die Mieten wurden nach den Bestimmungen der oben genannten Stiftungen nicht in der im freien Verkehr üblichen Höhe, sondern nach einer erheblich geringeren Verzinsung des Anlagenkapitals festgesetzt (Miete für größere Wohnungen 240 M, die für kleinere 195 M; eine Witwenstube 55 M).

Vom Hochbauamt wurden u.a. auch für die Beamten und für das Personal der Kläranlage Kaditz zwei Häuser mit 13 Wohnungen, für das Wasserwerk Hosterwitz ein Haus mit 4 Wohnungen, für den Hochbehälter Fischhausstraße ein Haus mit 3 Wohnungen, für den Vieh- und Schlachthof drei kombinierte Laden- und Wohnhäuser mit 12 Wohnungen, ein Stadthaus Devrientstraße mit 5 Wohnungen, für die 37. Bezirksschule ein Wohnhaus mit 2 Wohnungen und für die Beseitigungsanstalt ein Wohnhaus mit 6 Wohnungen erbaut.

Da die vorhandenen Arbeiter- und Angestellten-Wohnungen in Dresden oft nur über zwei Räume verfügten, wiesen die größte Zahl der neuerbauten Wohnungen drei (Küche, Stube, Kammer) und mehr Räume (eine zweite Kammer) auf. Erstmalig gab es Witwenstuben bzw. -zimmer und Wohnungen für Witwen mit zwei Kindern.

Die Verknüpfung von Zweckmäßigkeit, die über eine bloße Funktionserfüllung hinaus auf die Annehmlichkeiten für die Bewohner zielte, wie große Balkone, Veranden und Freisitze, Vorgärten, Garten mit Gartenhaus, Hofanlagen, große Spielplätze usw., brachten Wohnungen mit zeitgemäßem, zum Teil überdurchschnittlichem Komfort für kinderreiche Familien hervor, die auch Baderäume, Waschküchen und Wäschemangeln aufwiesen.

Trinkhalle, Ehrlich-/Ammonstraße, Dresden, Foto 1915 (WV 87)

Straßendekoration 1899, Bamberg, AK 1899 (WV 6)

Straßendekoration 1912, Dresden, AK 1912 (WV 115)

Da Hans Erlwein bei diesen Wohnungsbauten auf Sparsamkeit angewiesen war, bevorzugte er die rechteckige Form des Grundrisses. Dadurch erhielten die verschiedenen Häuser zugleich auch äußerlich stets eine wohltuende Einfachkeit und erweckten nicht den Eindruck von Mietkasernen. Die Decken waren alle in Stahlbeton hergestellt, die Fußböden mit Linoleum auf Korkunterlage versehen. In jeder Wohnung waren Wasserleitung und WC selbstverständlich, und die Wohnräume waren nach der Sonnenseite gelegt.

Städtische Kleinbauten

Daß die städtische Kleinarchitektur sorgsame Behandlung verdient und wesentlich zur Verschönerung einer modernen Stadt beiträgt, ist frühzeitig erkannt worden. München war wohl eine der ersten Städte in Deutschland, an deren öffentlichen Aborten, Straßenbahnwartehallen u. a. künstlerische Anforderungen gestellt und nicht mehr als Stiefkinder der Architektur behandelt wurden. Danach folgte die Stadt Dresden, wo Hans Erlwein seinen Eifer allen städtischen Bauten, auch den kleinsten gleichmäßig zuwendete. Die städtischen Nützlichkeits- und Bedürfnisbauten Dresdens fand Erlwein in einem verbesserungswürdigem Zustand vor und er widmete der Gestaltung von Bedürfnisanstalten, Straßenbahnwartehäuschen u. a. wenig beachteten Objekten die ganze Sorgfalt des Künstlers. Die von ihm geschaffenen Kleinarchitekturen sind sehr glückliche Beispiele für das Zusammenwirken überlegter technischer Maßnahmen mit reifer künstlerischer Erfahrung.

Das Bestreben Erlweins, mit einfachsten Mitteln eine ästhetische Wirkung zu erzielen, wird recht deutlich an den neuen Bedürfnisanstalten auf den öffentlichen Plätzen in Dresden. Man hatte diese Anstalten früher immer versteckt, so daß man sie nicht finden konnte. Nach der Anschauung, daß nichts versteckt zu werden braucht, wenn es anständig gebaut sei, hatte man zugleich auch einem dringenden Erfordernis mehr Rechnung tragen können und errichtete kleine Häuschen zur Belebung des Stadtbildes.

Die insgesamt elf Bedürfnisanstalten (davon zwei nicht ausgeführt), teilweise mit Wartehalle bzw. Kiosk, die fünf Straßenbahnwartehäuschen (davon ebenfalls zwei nicht ausgeführt), teilweise mit einer elektrischen Unterstation vereinigt bzw. in einer Freitreppenanlage untergebracht, die drei Brückenzollhäuschen, mindestens drei Trinkhallen in verschiedener Ausführung, das

Meteorologische Häuschen am Reichsplatz, der Musikpavillon im Zoologischen Garten, der Eingang zur 34. Bezirksschule in Dresden-Cotta, das Unterkunftshäuschen auf dem Spielplatz des Familien-Obdachlosenheims in Altpieschen, der Eckturm der Friedhofsbefestigung in Dresden-Plauen und die vier Bedürfnisanstalten, acht Gartenhäuschen und verschiedene Wärterhäuschen auf dem Vieh- und Schlachthof zeigen die Vielfalt der städtischen Kleinbauten von Erlwein in Dresden.
Die Einfassung und Überdachung des Artesischen Brunnens auf dem Albertplatz (1906) war notwendig, als die neuerstandenen großen Gebäude in der Umgebung ihn ästhetisch zu erdrücken drohten.
Das Crispi-Denkmal (1906) auf dem Crispiplatz in Dresden-Löbtau und das König-Georg-Denkmal (1907-1913), vorgesehen für den Sockel der Terrassentreppe an der Gaststätte Italienisches Dörfchen, waren Erlweins einzige Beispiele für die Planung und Ausführung eines Denkmalsockels.

All die kleinen Bauten, die auf Straßen und Plätzen, in der Umgebung großer Anlagen nötig waren, sollten sich einfach bzw. vielfach unterordnen. Daher mußte oft der Maßstab von dem übergeordneten entlehnt werden, mit dem die Bestimmung, der Baustoff, die Ausstattung und alles andere gemeint war. Dabei konnte man oft Motive dank des kleinen Umfangs des Gebäudes zur Wirkung bringen, die an den großen Hauptgebäuden entweder sich verlieren würden oder in einer Größe hätten angewendet werden müssen, daß die Kosten nicht verantwortbar gewesen wären – dies gilt besonders bei Bildhauerarbeiten. Ein Wappenschild mit Inschrift am Torhäuschen der 34. Bezirksschule in Cotta (1911) hob z.B. das Gebäude in seinem künstlerischen Rang.

Das größte und aufwendigte Verkehrshäuschen mit Blumen- und Zeitungskiosk in Verbindung mit öffentlichen Bedürfnisanstalten wurde am Friedrichsring/Prager Straße (1909) mit einem Kostenaufwand von 19.423 M erbaut. Es lag an einem verkehrsreichem Punkte der Dresdner Altstadt. Durch seine gefällige Architektur wurde dieser kleine Bau, der von einer mächtigen Akazie überragt wird, ein Schmuckstück für diesen Standort. Das an der Frontseite vorspringende Dach wurde von vier kräftigen Säulen getragen. Der dadurch gebildete Unterstand bot bei schlechtem Wetter Schutz und Gelegenheit, in Muße Blumen und Zeitschriften auszusuchen. Mit diesem Verkehrshäuschen war eine Anstalt

Städtisches Kunstausstellungs- und Verwaltungsgebäude, Lennéstraße, Dresden, Foto 1916 (WV 146)

Hauptbau, Städtisches Kunstausstellungsgebäude, Lennéstraße, Dresden, Foto 1916 (WV 146)

geschaffen, die ihre verschiedenen praktischen Zwecke gut erfüllte und auch in ästhetischer Hinsicht zur Bereicherung des Innenstadtbilds beitrug.

Eine bescheidene, aber selbständige Rolle spielte das Aborthäuschen am Markgraf-Heinrich-Platz in Altstriesen (1909). Auf dem halb dörflichen, halb großstädtischen Platz errichtet, war die Bedürfnisanstalt ihrer Umgebung angepaßt, ein einfacher Putzbau mit Betonsockel und Ziegeldach.[3]

Das einzige erhaltene Toilettenhäuschen von Erlwein in Dresden steht in der Pfotenhauerstraße (1907), eine Bedürfnisanstalt für Männer. Es ist sein einfachster städtischer Kleinbau mit dem geringsten Kostenaufwand von nur 3.400 M.

Beim Städtischen Vieh- und Schlachthof wurde eine große Anzahl niedriger Bauten zu einer Art Kleinstadt vereinigt. All diese Bauten zeigen einen einheitlichen Charakter; in ihrer Reihe befinden sich auch einige Bedürfnisanstalten. Sie gehören zu den einfachsten ihrer Art, zeigen aber die Vorzüge der Entwürfe Erlweins, die sich durch ruhige, klare Formen, Einfachheit auszeichnen, ohne den Charakter des Ärmlichen oder Primitiven zu erhalten.

Erlweins Musikpavillon im Zoologischen Garten (1910) zeigte Formen und Abmessungen, die klar und anhand ihrer Funktion entwickelt waren, die an die klassizistische Architektur des ausgehenden 18. Jahrhunderts anknüpfen.[4]

Die ersten Trinkhallen wurden in der zweiten Hälfte des 18. Jahrhunderts errichtet. Auch Erlweins Kioske zeichnen sich durch eine wohl proportionierte Architektur aus; es sind kunstvoll ausgeführte viereckige Verkaufsstände aus gestampftem Beton und Holz mit überstehendem Zelt- bzw. Walmdach. Am Anfang wurde hier nur Limonade bzw. Mineralwasser verkauft; später konnte man zusätzlich Kautabak, Zigarren, Zigaretten, Kaffee und Tee sowie Zeitschriften, Zeitungen, Lebensmittel, Süßigkeiten und Eis erwerben.

Ein Kostenvergleich zwischen Erlweins einfacher Bedürfnisanstalt mit 3.400 M mit dem Verkehrshäuschen mit öffentlichen Aborten und Kiosken von 19.423 M läßt ahnen, mit welcher Summe öffentliche Gelder einzusparen sind und waren bzw. verschwendet werden können und konnten. Als heutiges Beispiel sei darauf verwiesen, daß das teuerste öffentliche „Klo" Sachsens mit 220.000 DM (!) im 6000-Einwohner-Städtchen Dippoldiswalde steht (außen einfaches Fachwerk, innen Marmor und Stahl, automatische Wasserregulierung und Musik von oben).[5] Die wohl kostspieligste öffentliche Bedürfnisanstalt Deutschlands steht in Würzburg mit 330.000 DM (ein Pavillon aus Glas, Aluminium und Beton).[6]

Hans Erlwein entwarf insgesamt fünf Wasserhochbehälter. Das Errichten der verschiedenen Schieberhäuser und Eingänge geht dem aufgeschütteten Wasserbehälterhügel voraus. Eine besonders interessante Anlage schuf er mit dem „II. Wasserhochbehälter am Fischhaus" (1908), der im Zusammenhang mit dem Bau des „III. Wasserwerks Hosterwitz" (1907/1908) entstand. Der Hochbehälter zeigt sich als mittleres

Inneres, Städtisches Kunstausstellunggebäude, Lennéstraße, Dresden, Foto 1916 (WV 146)

Rathaussaal, Bamberg, Foto 1925 (WV 20)

Sitzungszimmer, Stadtsparkasse Schulgasse, Dresden, Foto 1906 (WV 42)

Schieberkammergebäude mit abgewalmtem Bogendach und einer Fledermausgaube nebst Treppenanlage und den seitlichen Schieberkammern in Form von Stirnseiten aus bossiertem Sandstein und je einer Türöffnung. Das Gelände ist mit einer dicken Erdschicht bedeckt, aus der 44 Luftschächte sichtbar und daneben eine gleiche Anzahl verdeckte Lichtkanäle für die Luft- und Lichtzuführung bei Reinigungsarbeiten vorhanden sind.

Straßendekorationen

Seit dem Mittelalter wurde architektonischer Gelegenheitsschmuck bei festlichen Veranstaltungen und Besuchen von Fürstlichkeiten an Straßen, Plätzen, öffentlichen und Privatgebäuden angelegt.
Diese kurzfristigen architektonischen Festdekorationen für konkrete Anlässe bestanden um 1900 und danach aus in Holz gezimmerte Ehrenhöfe, Ehrenpforten, Triumph- und Prunkbögen, Tribünen, Pyramiden, Pylo-

nen und Obelisken mit Girlanden und Fahnen, Huldigungen in Form von Wappen, Kronen, Löwenköpfen und Inschriften. Da die Festzugsprogramme zumeist kurzfristig geplant sind bzw. auch aufgebaut werden mußten, hieß es, an breiten Straßen und geräumigen Plätzen Dekorationen zu schaffen, die auch bei raschem Vorbeifahren wirkungsvoll bleiben sollten. Die Dekorationen wurden vor allem an Straßenzügen und Brücken angelegt. Es entstanden Reihendekorationen, die eine einheitliche Durchführung durch den Stadtarchitekten nötig machten. Als besonderer Festschmuck wurden wimpelgeschmückte Girlanden über die Straße gespannt; durch Laubgehänge verbundene Masten mit Wappen, Bannern und Fahnen flankierten die Wegstrecke bzw. die Feststraße; sogar die Festbeleuchtung mit elektrischen Lichterketten an Ehrenpforten und Gebäuden kamen zur Anwendung. Überall sah man Fahnen und Tannengrün, farbige Teppiche, Lampions, Bänderwerk und blühende Blumen in Kübeln, Kränze, Tannengewinde und Laubgehänge, Lorbeerbäume, Füllhörner mit Blumen und Goldbronze in Knäufen, Bommeln und Schleifen.

Angesichts der aufwendigen Planungen und vielfältigen baulichen Ausführungen als Stadtbaurat in Bamberg und Dresden machten die Straßendekorationen von Hans Erlwein nur einen geringen Teil seiner Tätigkeit aus.

Die ersten Straßendekorationen schuf Erlwein 1899 in Bamberg anläßlich der Einweihung des „Prinzregent Luitpold-Denkmals". Die sächsische Residenzstadt Dresden erhielt durch den neuen Stadtbaurat von 1905 bis 1912 siebenmal einen festlichen Straßenschmuck in Form von architektonischen Baulichkeiten.

Für den aufwendigen Festtagsschmuck aus Anlaß des Besuchs des Kaisers Wilhelm II. am 25. Oktober 1905 in Dresden, mit einem Kostenaufwand von 26.000 M, erhielt Hans Erlwein den „Roten Adler-Orden IV. Klasse" verliehen.[7] Ein weiterer Höhepunkt im Zusammenhang mit der Schaffung von Straßendekorationen in Dresden war der „Königspavillon" auf der Friedrich-August-Brücke anläßlich seiner Einweihung am 30. August 1910. Hier schuf Erlwein u. a. einen nach drei Seiten offenen Pavillon mit abgewalmtem Bogendach.

Anmerkungen:

1 Wangerin, Gerda/Weiss, Gerhard: Heinrich Tessenow, Essen 1976, S. 82

2 Dresdner Volkszeitung, 1913 (ein vorliegender Zeitungsausschnitt aus diesem Jahr konnte zeitlich nicht näher bestimmt werden)

3 DüB, 107. Flugschrift, S. 40 ff

4 Die Bauwelt, 5 (1914), Nr. 49, S. 10

5 Stern, 9 (1993), S. 33

6 Badische Neueste Nachrichten vom 26.10.1990, S. 10

7 StaDD, Ratsarchiv, A. II. 223/1904: Akten, den Stadtbaurat Johann Jakob Erlwein betr., Blatt 141

Sitzungszimmer der III. Ratsabteilung, Neues Rathaus, Dresden, Foto 1909 (WV 66)

8. Ausstellungsbauten, Innenarchitektur und Ausstellungsbeteiligungen

Die klassizistische Architektur erlebte ihre Blütezeit in Deutschland und Frankreich von ca. 1770 bis 1830. Als Klassizismus im weiteren Sinne soll auch die Bauweise von Hans Erlwein am „Neuen Städtischen Ausstellungs- und Verwaltungsgebäude" an der Lennéstraße (1916) verstanden werden, handelt es sich doch um die Wiederbelebung und Weiterentwicklung der klassischen griechisch-römischen Antike ganz allgemein. Beim 1945 zerstörten Ausstellungsgebäude waren alle Bauglieder mit der klassischen Ordnung versehen. Die Proportionen der Seiten- und Verbindungshallen und des Verwaltungsgebäudes waren auf die der Mittelhalle abgestimmt; der mittlere Trakt war mit einer Säulenhalle ausgebildet. Die würdige ionische Tempelfront mit enger Säulenstellung wurde bei den Seitengebäuden durch Pilaster und Halbsäulen weitergeführt. Die Ausstellungsbauten erhielten durchweg einen weißen Anstrich. Anstelle der klassischen Attika schuf Erlwein einen über der Mitte des Hauptgesimses der Säulenordnung erhöhten Mauerstreifen, rechts und links gestuft. Dieser Abschluß wurde gleichzeitig zur Verdeckung des dahinter liegenden Daches geschaffen. Darauf stand als Bekrönung die „Pallas Athene", eine von Bildhauer Georg Wrba geschaffene Reitergruppe in Bronze.
Das Zurücksetzen der Kunstausstellungsgebäude um 30 m hinter die Bauflucht der Lennéstraße und die Querstellung des Verwaltungsgebäudes ermöglichten eine Platzgestaltung, die, vereint mit der künstlerischen Gestaltung, dieser Fläche auf plastischem und gärtnerischem Gebiet einen würdigen Vorplatz zu den Stätten der Kunst und des Kunstgewerbes bildeten.

Große Halle für Plastik „Große Kunstausstellung Dresden 1908", AK 1908 (WV 60)

Für das Projekt der Ausstellung „Das Deutsche Handwerk Dresden 1915" hatte Erlwein bereits 1913 den Entwurf eines Geländeplans (ausgeführt durch den Architekten Ludwig Wirth) und die Planung für die Bauten und Inneneinrichtungen mit einem Kostenanschlag von 1,1 Mio. M vorgelegt sowie 1914 die Gruppierung der einzelnen Bauten im Modell festgelegt. Vorbereitungen und Vorberatungen mit einer großen Zahl von Archikten und ausführenden Handwerkern zeugen vom großen Organisationstalent Erlweins. Uneigennützig, auf jeden unmittelbaren Anteil am Werk verzichtend, wies er jedem Dresdner Architekten seinen Teil zu und behielt dennoch die von ihm gewollte Einheitlichkeit des Bauwerks oder stadtbauliche Gestaltung klar im Auge.[1]

Der Architekt Adolf Loos schrieb: „Die Wände eines Hauses gehören dem Architekten. Hier kann er frei schalten. Und wie die Wände auch die Möbel, die nicht mobil sind, als Wandschränke usw. Sie sind Teile einer Wand und führen nicht das Eigenleben der unmodernen Prunkschränke ..."[2] Nach diesen Worten schuf Hans Erlwein zahlreiche Innenraumausstattungen, wie z. B. für das „Städtische Sparkassengebäude Schulgasse" (1906-1907), das „Stadtverordneten-Vorsteher-Zimmer" im Neuen Rathaus (1910/1911) und andere Räume dieses Neubaus. Erlwein versuchte in diesen Dienst- und Gesellschaftsräumen eine Intimität zu erzielen, die ansonsten nur in privaten Wohnräumen zu finden ist. Er schuf z.B. im Stadtverordneten-Vorsteher-Zimmer eine imposante Tonnendecke mit plastischen Reliefs.
Folgende Liste nennt weitere Beispiele für Innenausstattungen nach Entwürfen Erlweins:

1901-1903	Umbauten des Alten Rathauses in Bamberg
1902/1903	Korpshaus Baruthia in Erlangen
1906	III. Dt.Kunstgewerbe-Ausstellung Dresden 1906
1906/1907	Stadtsparkasse Schulgasse, Dresden
1908	Große Kunstausstellung Dresden 1908

1908/1909	Repräsentationszimmer Neues Rathaus, Dresden
1909	Internationale Photographische Ausstellung Dresden 1909
1910	Einbauten Sophienkirche, Dresden
1910/1911	Amtszimmer des Stadtverordneten-Vorstehers, Neues Rathaus, Dresden
1911	Internationale Hygiene-Ausstellung Dresden 1911
1911/1912	Ratstrinkstube, Neues Rathaus, Dresden
1912/1913	Italienisches Dörfchen in Dresden
1913/1914	Löwenapotheke und Beutlerhaus, Dresden
1914	Deutsche Werkbund-Ausstellung Köln 1914

Beim Italienischen Dörfchen hatte sich Hans Erlwein nicht nur als Städtebaukünstler bewießen, sondern sich auch als Raumkünstler bewährt. Selten hatte ein Stadtbaurat Gelegenheit, Räume festlich und reich zu gestalten, vielleicht da und dort eine Aula oder ein Sitzungszimmer, in der Hauptsache aber Nutzräume. Zu den gelungenen Ausstattungsentwürfen zählen auch die Säle im Italienischen Dörfchen, die zum Besten gehörten, „was moderne Raumkunst vor 1914 in Dresden geschaffen hatte".[3]

Ausstellungsbeteiligungen

1906

III. Deutsche Kunstgewerbe-Ausstellung Dresden 1906 (im Ausstellungsgelände an der Stübelallee) im „Sächsischen Haus" das „Sitzungszimmer Rat zu Dresden" mit Stahlbeton-Kassettendecke.

1908

Große Kunstausstellung Dresden 1908 (im Ausstellungspalast an der Stübelallee); Erlwein war Mitglied der Ausstellungsleitung, Oberleitung für die gesamten Einbauten in der großen Ausstellungshalle und im Sächsischen Haus (im letzteren führte Carl Hirschmann die Detailzeichnungen aus). Nach Erlweins Entwurf entstanden das Vestibül, die Große Halle für Plastik und der Aufgang nach dem Brunnenhof sowie 55 Ausstellungsräume, wie die Säle des deutschen Künstlerbundes und der Kaulbachsaal mit Loggia (Pfeiler mit Ornamenten und figürlichen Reliefs von Bildhauer Karl Groß).

Die Große Halle betreffend – denken wir zurück, wie sie schon fünfmal nacheinander von den Architekten Paul Wallot, Julius Gräbner, Wilhelm Kreis und zweimal von Fritz Schumacher in ganz verschiedener Weise für die früheren Ausstellungen umgestaltet wurde – so müssen wir anerkennen, daß es Erlwein gelungen war, wieder ein ganz anderes charakteristisches Raumbild hinzustellen, das in keiner Weise an die früheren erinnert.

Große Halle für Plastik „Große Kunstausstellung Dresden 1908", Foto 1908 (WV 60)

Ausstellungsraum „Photographische Ausstellung Dresden 1909", Foto 1909 (WV 72)

Modell, Bebauung Königsufer, Dresden, Foto 1910 (WV 76)

Modell, Bebauung Kurfürstenplatz, Dresden, Foto 1910 (WV 83)

Der Kreuzgang, der sich aus allen vier Seiten nach dem mittleren Hof öffnete, erinnert an einen römischen Klosterhof. Für die plastischen Bildwerke war das Objekt besonders geeignet; in den Gängen fanden die kleineren Bildwerke ihren Platz, an die Wände eingefügte dunkle Karyatiden, dazwischen eine Anzahl Grabmale und Reliefs des Bildhauers Arthur Volkmann.[4] Auf doppelten Säulen mit rechtwinklig gegliederten Kämpfern ruhten weitgespannte Korbbögen; die obere Wand schloß eine Attika mit kleineren Doppelsäulen und Fenstern in den Feldern ab. Der Bildhauer Georg Wrba schmückte die gesamten Wände des Innenhofs mit über 60 Modellen zum plastischen Schmuck für die Berliner Volksbadeanstalt aus. Die Große Halle war u.a. mit Werken der Bildhauer Selmar Werner, August Schreitmüller, Felix Pfeifer, Richard König, Georg Wrba, Hugo Lederer und August Hudler gefüllt.[5]

1909

Photographische Ausstellung Dresden 1909 (im Ausstellungsgelände an der Stübelallee). Erlwein war Mitglied des Ausstellungs-Direktoriums und entwarf einen Raum in der „Halle für Reproduktions-Technik".[6] In der Abteilung wissenschaftliche Fotografie waren im Raum 15 eine große Anzahl von Fotos der verschiedenen Baustadien vom Rathausneubau, des Schlacht- und Viehhofs, vom Reicker Gasbehälterbau und vom Neubau des III. Städtischen Wasserwerkes in Hosterwitz zu sehen.

1910

I. Ausstellung der Künstlervereinigung Dresden 1910 (im Ausstellungsgebäude der Kunstakademie auf der Brühlschen Terrasse von September bis Dezember 1910).[7]

Modell, Wolfshügelturm, Dresden, Foto 1912 (WV 98)

1911
Internationale Hygiene-Ausstellung Dresden 1911 (im Ausstellungsgelände an der Stübelallee/Lennéstraße). Erlwein war als Leiter des Bauamtes mit zwei geschäftsführenden Baumeistern Mitglied der Ausstellungsleitung und Vorsitzender der Ausstellung „Ansiedlung und Wohnung".[8] Die wichtigsten Architekten aus Dresden, 21 an der Zahl, darunter Hans Erlwein und das Architektenbüro Lossow & Kühne (die als Generalarchitekten den ausgeschriebenen Wettbewerb für die Bauten der Hygiene-Ausstellung gewannen) stellten einen großzügigen, aber genau durchgearbeiteten Bebauungsplan auf. Wie eine kleine Stadt wuchs die Ausstellung empor. Mit der größten künstlerischen Rücksichtnahme wurden über 100 architektonische Baulichkeiten errichtet.[9]

1912
Große Kunstausstellung Dresden 1912 (im Ausstellungsgelände an der Stübelallee von 1. Mai bis 15. Oktober 1912). Erlwein war Kommissar des Rats der Stadt Dresden und Mitglied des Finanzausschusses.[10]

1912
Städteausstellung Düsseldorf 1912. Erlwein schuf vier Ansichten und ein Modell „Entwurf zur Neugestaltung des Königsufers" in Dresden.

1913
Neue Bauwerke der Stadt Dresden 1913 (in der Galerie Arnold in Dresden, Schloßstraße, vom 10. bis 22. April 1913). Erlwein erhielt hier zum ersten Male die Gelegenheit, einen großen Teil seiner Bauwerke und Projekte, die er während seiner achtjährigen Dresdner Tätigkeit in Dresden errichtet oder geplant hatte, dem Dresdner Publikum vor Augen zu führen. In den fünf Räumen des 1. Obergeschosses der Galerie Arnold kamen 69 Exponate als farbige Ansichten (größtenteils von Maler Fritz Beckert), Lagepläne, Schaubilder, Vogelperspektiven, kleine Gipsmodelle, Fotos und Pläne zur Ausstellung.[11]

1913
Internationale Baufach-Ausstellung Leipzig 1913 (Juni bis Juli 1913). Erlwein war im Arbeitsausschuß „Dresdner Haus" vertreten. Im August 1912 fand der Wettbewerb zur Errichtung eines Dresdner Pavillons statt. Erlwein war Preisrichter. Den 1. Preis und die Ausführung des „Sächsischen Hauses" erhielt Architekt Oswin Hempel mit dem Kennwort „Im Gartenhof". Erlwein war zudem Mitglied des Sonderausschusses der Sonderausstellungen für das „Sächsische Haus". Der Entwurf des Raumes II erfolgte durch Erlwein. Das Hochbauamt organisierte unter Erlweins Leitung eine Sonderausstellung der Stadt Dresden, vor allem von städtischen Bauten (Exponate der Ausstellung „Neue Bauten der Stadt Dresden 1913").[12]

1913
Große Berliner Kunstausstellung 1913, Erlwein stellte in den Räumen 11 a, 49 b und 49 i aus.[13]

1914
Deutsche Werkbund-Ausstellung Köln 1914, Mitglied des Arbeitsausschusses für das „Sächsische Haus" und des Ausstellungsausschusses für den „I. Raum Stadt Dresden". Entwurf und Ausführung des Repräsentationsraumes der Stadt Dresden.[14]

Anmerkungen:
1 BM, 13 (1914), S. 14 (Hans Erlwein: Nekrolog von E. Hoegg) und StaDD, Handakten Bürgermeister Dr. Kretzschmar, 8: Ausstellung Das Deutsche Handwerk Dresden 1915 betr., Blatt 31
2 Münz, Ludwig: Adolf Loos, Wien 1989, S. 11
3 Hoegg, Emil: Hans Erlwein, Nekrolog, in: Der Baumeister, 13 (1914), 2. November-Heft, S. 17
4 DAZ vom 30.01.1908, S. 6
5 Dito, vom 10.05.1908, S. 2
6 Offizieller Katalog der Großen Kunstausstellung Dresden 1908, Dresden 1908, S. XVII, S. 1, S. 49 und S. 124 ff
7 Kat.: I. Ausstellung Künstlervereinigung Dresden Sept.-Dez. 1910, Dresden 1910, Nr. 315 ff
8 Offizieller Katalog der Internationalen Hygiene-Aussstellung Dresden Mai-Oktober 1911, Berlin 1911, S. 26 ff
9 BW, 2 (1911), Heft 42, S. 24/25
10 Offizieller Katalog Große Kunstausstellung Dresden 1912, S. 13 ff
11 Kat.: Neue Bauwerke der Stadt Dresden, Galerie Arnold Dresden 10.-22.04.1913
12 StaDD, Hauptkanzlei, U. 1/12 I-V: Internationale Baufach-Ausstellung Leipzig 1913 betr., Bd. I, Blätter 20, 47, 129-135; Bd. II, Blatt 192; Bd. IV, Blatt 106 und Bd. V, Blatt 11
13 Kat.: Große Berliner Kunstausstellung 1913, Berlin 1913, S. 140
14 Kat.: Deutsche Werkbund Ausstellung Cöln 1914, Cöln 1914, S. 156 u. 158

9. Tod in Frankreich 1914

Mit Beginn des I. Weltkriegs am 01. August 1914 trat Hans Erlwein dem Sächsischen Freiwilligen Automobilkorps bei. Am 29. September 1914 begab er sich als Begleiter eines städtischen Transports von Wohltätigkeitssendungen für deutsche Soldaten auf die Reise zum französischen Kriegsschauplatz. Bei einem Verkehrsunfall am Bahnübergang in Amagne-Lucquy bei Rehthel in den Ardennen (an der Eisenbahnstrecke Reims-Givet) verunglückte er am 09. Oktober 1914 tödlich.

Im „Dresdner Anzeiger" vom 11. Oktober 1914 (berichtigende Zeitungsmeldung) ist folgendes zu lesen: „... Hans Erlwein steuerte am 09.10.1914 nicht den Wagen des Fabrikbesitzers Küchenmeister, sondern saß hinter ihm. Letzterer ist nur leicht verletzt ... Beim Zusammenstoß des Kraftwagens mit einer Lokomotive unweit des Ortes Rethel wurde Hans Erlwein aus dem Wagen gegen die Lokomotive geschleudert und erlitt einen schweren Schädelbruch, der seinen sofortigen Tod zur Folge hatte. ... Die Beerdigung erfolgte am Sonntag, den 11.10.1914, unter der Teilnahme von Architekt Georg Kammsetzer und den anderen Dresdner Stadträten Walter Ahlhelm und Friedrich Gottschalk. Erlwein hatte schon seit längerer Zeit den Wunsch, als Automobilist sich in den Dienst des Heeres zu stellen, und erst in den letzten Tagen war durch das Automobilkorps an den Oberbürgermeister der Stadt Dresden der Wunsch gerichtet worden, Stadtbaurat Hans Erlwein längere Zeit für den Dienst im Heere zu beurlauben und ihm zu gestatten, gleich in Frankreich zu bleiben. Der Oberbürgermeister Otto Beutler hatte dieses Ersuchen vorläufig abgelehnt und mitgeteilt, daß eine Entschließung des Rates erst auf ein Urlaubsgesuch von Erlwein erfolgen könne. Nun ist er im Dienste des großen Liebeswerkes verunglückt ... ."

Hier muß eine kaum bekannte Vorliebe Hans Erlweins nachgetragen werden. Er war mit dem Bildhauer Georg Wrba einer der ersten und begeisterten Autofahrer der Residenzstadt Dresden (auch in Bamberg) und gehörte damit zu den ersten Vertretern und eifrigsten Propagandisten dieser modernen Fortbewegungsart. Mit seinem weißen Opel versucht Erlwein während einer Fahrt zum Basteifelsen in die Sächsische Schweiz einige städtische Beamte von den Vorzügen des Autos zu überzeugen. „... Wenn heute die Spitzen der städtischen Behörde automobil sind und die gesamte Feuerwehr eine Motorwehr, so ist ganz gewiß auch Hans Erlwein eine Triebfeder dieser automobilistischen Umgestaltung gewesen. Er war jederzeit ein scharfer Fahrer, der auf Tempo hielt ... wie in seiner Kunst, so war er auch als Sportsmann eine Klasse für sich ... im Werdegang des sächsischen Kraftfahrzeugwesens wird der Name Hans Erlwein fortleben ...".[1]

Im „Dresdner Anzeiger" vom 15. November 1914 ist auf Seite 39 eine Zeichnung mit dem Grab Erlweins abgebildet. Eine einfache Holztafel, doch künstlerisch geformt, berichtet auf dem stillen Waldfriedhof in Rethel/Nordfrankreich von seinem Ende:

Hans
Erlwein

Hier ruht
ein deutscher
Künstler
als Opfer
seiner
Liebestätigkeit

Bei der gemeinsamen Sitzung des Rats zu Dresden und der Dresdner Stadtverordneten vom 15. Oktober 1914 sprach Oberbürgermeister Dr. Otto Beutler die Trauerrede zum Tode Hans Erlweins. Die Bronzebüste „Hans Erlwein" von Bildhauer Georg Wrba, mit Flor und einem Immortellenkranz umgeben, stand neben dem Rednerpult.[2]

Die Planung einer „Monographie Hans Erlwein" durch den Zirkel-Verlag in Berlin 1914, bei der der bekannte Kunstwissenschaftler Cornelius Gurlitt den Text erstellen sollte und bei der über 100 Objekte mit ca. 500 Fotos, 200 bis 250 Zeichnungen, wie Grundrissen, Details und Skizzen vorgesehen waren, kam infolge des I. Weltkriegs nicht zur Ausführung.[3]

Der Bildhauer Karl Groß schreibt in einem Brief vom 18. Januar 1915 an den Rat der Stadt Dresden: „... Hans Erlwein ging seine Kunst und sein Amt über alles und er hat dem Dresdner Hochbauamt in Deutschland ein Ansehen verliehen, das auch seine Amtskollegen anderer Städte offen anerkannten. Mir persönlich würde eine Ehrung Hans Erlweins in eine

Zeichnung „Erlweins Grab in Rethel/Frankreich" 1914 von Maler G. Weinhold

Erlweins Grab seit 1922 deutscher Soldatenfriedhof Noyers-Pont-Maugis/Frankreich, Foto 1995

Straßen-Benennung und eine Gedenktafel am besten gefallen."[4]

An einem seiner wichtigsten Bauwerke, der Löwenapotheke, wurde am 05. März 1915 eine Bronze-Gedenktafel zu Ehren Erlweins angebracht. Außerdem wurde weiterhin empfohlen, eine „Erlwein-Herme" an sein neues Kunstausstellungsgebäude an der Lennéstraße aufzustellen. Hinsichtlich der Hermen an dieser städtischen Kunsthalle beschloß der Rat der Stadt Dresden am 30. März 1915, die Hermen, wie sie ausgeführt oder in Arbeit begriffen waren, zu belassen mit Ausnahme der Herme des Bildhauers Balthasar Permoser, an deren Stelle die Herme des Bildhauers Johannes Schilling treten sollte. Eine Ehrung Erlweins behielt man sich späterer Entscheidung vor. Am 17. August 1915 beschloß der Rat, daß die Ehrung und die Überführung der Leiche bis nach dem Friedensschluß ausgesetzt werden solle.[2]

Im Jahre 1922 wurde die Leiche Hans Erlweins auf dem Friedhof in Rethel/Ardennen ausgegraben. Erlwein fand seine letzte Ruhe auf dem deutschen Soldatenfriedhof Noyers-Pont-Maugis bei Sedan/Frankreich. Auf diesem Wege erfolgte nach seinem Tode die versehentliche Offiziersehrung zum Leutnant der Reserve. Der Grabstein weist noch zwei weitere Tote aus dem Jahre 1917 aus. Erlwein bekam die Nr. A/3165.[6]

Die ehemalige Straße 5, eine kurze Nebenstraße des Zelleschen Weges in der Dresdner Südstadt, die in einem Halbbogen zur Uhlandstraße führt, wurde 1927 in Erlweinstraße umbenannt.[7] Die Stadt Dresden ehrt mit dieser Straßenbenennung das vorbildliche Wirken des Architekten zum Wohle der Stadtgemeinde.

Nach 1991 wurde die „Gewerbliche Berufsschule Bauwesen 2" auf der Dresdner Güntzstraße 5 in „Berufliches Schulzentrum für Bautechnik II Hans Erlwein" umbenannt und seit Juni 1996 steht eine Stele zum Gedenken der Architekten und Stadtbauräte Hans Erlwein und Hermann Klette im Gelände der Kläranlage in Dresden-Kaditz.

Wenn die Beigeordnetenkonferenz in Dresden am 27. Februar 1991 den Beschluß faßte, eine „Hans Erlwein-Stiftung" zu gründen, die dem Zweck der „Förderung einer modernen, den Traditionen verpflichteten Stadtentwicklung und Architektur in Dresden in einem offenen Planungsprozeß" gewidmet ist, so tut sie dies vor allem in Respekt gegenüber dem Werk Erlweins, dessen Leistung in eine Umbruchzeit fällt, in der Dresden sich zu einer der modernsten Städte Europas wandelte.[8]

Aus Anlaß des 125. Geburtstages erschien 1996 in der Reihe „Dresdner Miniaturen" eine erste biographische Skizze des Dresdner Stadtbaurats Hans Erlwein mit ei-

Bronzebüste „Hans Erlwein" 1907 von Bildhauer Georg Wrba, Foto 1987

ner unvollständigen Übersicht seiner Dresdner Bauten. Am 30. April 1997 stiftete die Landeshauptstadt Dresden einen „Erlweinpreis", der künftig alle zwei Jahre mit 20.000 DM vergeben wird. Der Stadtrat beschloß und vergab anläßlich des 125. Geburtstags von Hans Jakob Erlwein am 13. Juni 1997 erstmals den Erlweinpreis für eine wegweisende und beispielhafte Realisierung öffentlicher Bauvorhaben. Hierzu zählen insbesondere Bauten für die öffentliche Verwaltung, die soziale und technische Infrastruktur sowie Verkehrsbauten.[9]

Weitere Ehrungen zum 125. Geburtstag waren die Ausstellungen „Hans Erlwein. Stadtbaurat in Dresden 1905-1914" im Lichthof des Neuen Rathauses in Dresden vom 02. bis 27. Juni 1997 und „Stadtentwicklung in Bamberg um 1900. Hans Erlwein 1872-1914" im Stadtarchiv in Bamberg vom 02. Dezember 1997 bis 07. Februar 1998 (zu beiden Ausstellungen erschien ein Katalog bzw. ein Begleitband).

Die Premiere des Dokumentarfilms „Hans Erlwein – Architekt der einfühlsamen Moderne" war am 14. Juni 1997 im Schlachthof Ostragehege in Dresden erfolgt.

1999 wurde der Architekt in einer Aktion der Tageszeitung Dresdner Neueste Nachrichten unter die 100 bedeutendsten Dresdner Persönlichkeiten des 20. Jahrhunderts gewählt.

Anmerkungen:

1 DAZ vom 13.10.1914

2 StaDD, Ratsarchiv A. II 223/1904: Akten, den Stadtbaurat Johann Jacob Erlwein betr., Blatt 275c

3 Dito, Hauptkanzlei, 26a/14: Stadtbaurat Professor Erlwein betr., Blätter 18 u. 37

4 Dito, Nachlaß Karl Groß, Hs. 4, 1935, 1333 (3)

5 Anmerkung 2, Blätter 321, 322 u. 324

6 Sächsischer Bote vom 22.03.1995

7 Stadtarchiv Dresden, Ortsgestzbuch vom 20.10.1927, S. 37

8 Sächsische Zeitung vom 03.05.1991

9 Dresdner Amtsblatt, Nr. 22/29.05.1997, S. 14 f

10. Preisrichter, Gutachter, Auszeichnungen und Mitgliedschaften

Preisrichter

Je mehr Hans Erlweins architektonische Leistungen auch außerhalb von Dresden bekannt wurde, desto häufiger wurde er als Preisrichter bei Konkurrenzen, Preisausschreiben und Ideenwettbewerben eingeladen. Über dreißig Mal nahm er die Möglichkeit wahr, als Preisrichter tätig zu sein und damit seine Ideen, seine wirtschaflich-technischen und stilistischen Vorstellungen einzubringen. Solche Verfahren ermöglichten außerdem einen anschaulichen Vergleich verschiedener entwurflicher Lösungswege und erleichterten Entscheidungen über Bau- und Städtebauvorhaben auch für seine eigenen Entwürfe. Die Jury konnte das Programm mitbestimmen. Die prämierten Entwürfe wurden in den Fachzeitschriften bekannt gemacht. So verzahnten sich in der Wirkung immer wieder Theorie und Praxis. Während seiner Hauptschaffenszeit ab 1906/1907 bis zu seinem Tode 1914 galt Hans Erlwein als ein Vertreter der Schulbaumeister und als Vertreter der Baumeister von Industriebauten.

1905
Wettbewerb „Erlangung von Modelskizzen für den bildnerischen Schmuck am neuen Rathaus zu Dresden", T. 1. Juni 1906

1906
Mitwirkung bei der Preisvergabe „III. Kunstgewerbe-Ausstellung Dresden 1906"

1907
Wettbewerb „König-Georg-Denkmal für Dresden", T. 15. September 1907
Wettbewerb „Krankenhaus für Wurzen", T. 16. Dezember 1907
Wettbewerb „Börse für Duisburg", T. 1. Februar 1908

1908
Wettbewerb „Rathaus für Plauen/Vogtl.", T. 30. Juni 1909
Wettbewerb „Bau einer ev.-luth. Kirche für die Heilandsgemeinde in Dresden-Cotta"
Wettbewerb „Plakatgestaltung für die Internationale Photographische Ausstellung Dresden 1909" (mit Otto Gussmann und Hugo Erfurth)

1909
Wettbewerb „Bebauungspläne für Vorstadt Plauen b. Dresden", T. 15. Juni 1909
Wettbewerb „König-Georg-Museum für Zwickau"

1910
Wettbewerb „Umgestaltung des Kleber-Platzes in Straßburg"

1911
Wettbewerb „Villa in Döbeln auf dem dortigen Weinberg", T. 5. Juni 1911
Wettbewerb „Warenhaus Tietz für Köln", T. 25. Juli 1911 (als Ersatzmann)
Wettbewerb zur Gewinnung von Plänen für die „Internationale Baufach-Ausstellung mit Sonderausstellung Leipzig 1913", T. 9. Oktober 1911

1912
Wettbewerb „Volksschule Schöna-Chemnitz", T. 30. April 1912
Wettbewerb „Vereinshaus des Vereins deutscher Ingenieure"
Wettbewerb „Schulneubau für Werdau/Sachsen", T. 15. Juni 1912
Wettbewerb „Bebauung des Geländes der Terraingesellschaft Dresden-Süd in Dresden", T. 6. Juni 1912
Wettbewerb „Kirche mit Gemeindehaus der Andreaskirche in Dresden", T. 30. November 1912 (mit Bestelmeyer, Hoffmann und March)

1913
Wettbewerb „Warenbörse für Straßburg", T. 31. März 1913
Wettbewerb „Rathaus für Limbach/Sachsen", T. 15. Mai 1913
Wettbewerb „Bürgerschule für Altenburg", T. 30. April 1913
Wettbewerb „Architektonische Gestaltung des Urnenhaines des Friedhofes zu Dresden-Tolkewitz"
Wettbewerb „Handelskammergebäude für Plauen/Vogtland", T. 15. April 1913
Wettbewerb „Rathaus für Potsdam", T. 1. August 1913
Wettbewerb „Gebäude für die moderne Abteilung der Gemäldegalerie in Dresden", T. 1. Oktober 1913
Wettbewerb „Knaben-Mittelschule für Stendal",

T. 2. Dezember 1913
Wettbewerb „Bebauung Crispi-Platz in Dresden-Löbtau"

1914
Wettbewerb „Realgymnasium mit Realschule für Forst/Lausitz", T. 6. Juli 1914
Wettbewerb „Protestantische Kirche in Nürnberg-Lichtenhof", T. 1. Juli 1914 [1]

Gutachter

2.-4. Juli 1906:
Künstlerischer Gutachter für einen Bauplan in Köln [2]

19. Juli 1909:
Besichtigung des Schlosses des Rittergutsbesitzers Gadegast in Connewitz bei Grimma im Auftrage der Kommission zur Erhaltung der Kunstdenkmäler in Sachsen[3]

21. Juli 1909:
Besichtigung der Marienberger Mosaikplattenfabrik und der Zöblitzer Serpentinwerke [4]

1909-1910:
Gutachter für die Wiederherstellungsarbeiten am Dresdner Zwinger

Im Jahre 1909 besichtigt Hans Erlwein mehrmals eingehend die Skulpturen und Architekturteile des Zwingers. Diese Besichtigungen präzisierte er wie folgt: „... daß Ergänzungen und Restaurierungen meisterhaftes Können und Empfinden voraussetzen. Es wird wenige lebende Künstler geben, die sich so innig und gewandt in die Auffassung jener Zeit hineinleben können und solche Arbeiten zu restaurieren und zu ergänzen in der Lage sind. Diese Behauptung finde ich bestätigt in der Art und Weise, wie zum Teil bisher verfahren wurde. Die Ergänzungen an den Figuren sind meistens ja sehr brav und mühsam, aber nicht selten ohne künstlerisches Zeitempfinden durchgeführt worden; selbst die einfachsten Ornamente, wie sie als Füllungen an verschiedenen Pilastern bzw. Treppenpostamenten neu hergestellt sind, verraten einen auffallenden Zug byzantischer Art. Das Lockere und Aufgelöste der barocken Rasse fehlt diesen Restaurierungen und Nachahmungsversuchen ... Ich fühle mich außer stande, trotz mehrstündiger Studien und Untersuchungen ein Einzelgutachten abzugeben, was mit den zunächst verfügbaren Mitteln gemacht werden soll, ich bin vielmehr der Meinung, daß jeder einzelne Fall für sich künstlerisch und technisch entschieden werden muß ... die Lösung aber in erster Linie einem berufenen tüchtigen Bildhauer übertragen werden muß ...".[5]
1910 bittet Hans Erlwein seinen Freund, den Bildhauer Georg Wrba, um fachliche Unterstützung bei der Abfassung eines Gutachtens über die Zwingerrestaurierung. Es kommt am 8. Juli 1910 zu einer mehrstündigen Besichtigung des Zwingers. Das anschließend erarbeitete Gutachten für die Kommission zur Erhaltung der Kunstdenkmäler in Sachsen zwecks Wiederherstellungsarbeiten am Zwinger und ein Gutachten des Architekten Gustav Frölich vom 17. Juni 1910 zur gleichen Thematik führte dann dazu, daß die oben genannte Kommission am 14. Juli 1910 den Bildhauer Georg Wrba für die Leitung der Bildhauerarbeiten bei den Wiederherstellungsarbeiten am Zwinger vorschlägt. Der Vertrag vom 30. Oktober 1910 mit der Generaldirektion der Königlichen Sammlungen und Georg Wrba regelt dann die von 1911 bis 1935 erfolgreich durchgeführte Wiederherstellung der Zwingerplastiken.[6]
Mit seinem Gutachten löst Hans Erlwein die bedeutendsten Maßnahmen der Zwingerrestaurierung aus, wie Rekonstruktion des Wallpavillons und des verfallenen Nymphenbades und die Aufstellung von insgesamt über 250 plastischen Werken auf den verwaisten Balustraden. Desweiteren wird der gesamte figürliche plastische Schmuck, auch die einzelnen Brunnen, des Zwingers mit insgesamt 394 Plastiken erneuert, ergänzt und durch Kopien ersetzt.

1910/1911:
Begutachtung der Pläne für den Umbau des Schlacht- und Viehhofes für die Stadt Fürth (der Stadtmagistrat Dresden genehmigt im Dezember 1910 Hans Erlwein diese Begutachter-Arbeit).[7]

27. Dezember 1911:
Sachverständiger bei der Beurteilung von Plänen für den Neubau eines Stadttheaters in Leipzig.[8]

Auszeichnungen und Mitgliedschaften

vor 1904:
Mitglied des „Akademischen Architekten-Vereines der Technischen Hochschule München" („A.A.V.M.")[9]

März 1905:
Gründungsmitglied der Künstlervereinigung „Die Zunft" in Dresden, I. Vorsitzender und Mitglied der ge-

schäftsleitenden Ausschüsse bis Ende 1908 (nochmals von Oktober 1911 bis Ende 1913)

25.10.1905:
Verleihung des „Roten Adler-Ordens IV. Klasse" aus Anlaß der Anwesenheit des Deutschen Kaisers Wilhelm II.

1905:
Mitglied des „Vereins für Geschichte Dresdens"

1906:
Mitglied des Rathausausschusses in Dresden[10]

1907:
Gründungsmitglied des „Deutschen Werkbundes"

29.7.1907:
Verleihung des „Ritterkreuzes vom Orden der Italienischen Krone" durch den König von Italien

18.07.1907:
Gründungsmitglied, stellvertretender Vorsitzender und Mitglied des Arbeitsausschusses der „Sächsischen Landesstelle für Kunstgewerbe"[11]

1908:
Vorsitzender der Redaktionskommission der „Dresdner Künstlerhefte" („Zunfthefte") für die Architekturzeitschrift „Moderne Bauformen"

1908:
Auszeichnung mit dem „Ritterkreuz des spanischen Ordens Isabellas der Katholischen" aus Anlaß der Anwesenheit des König von Spanien (Großherzog von Baden)

1909:
Mitglied des „Verbandes Sächsischer Heimatschutz"

1910:
Verleihung des Titels „Professor" für seine Leistungen beim Bau des „Städtischen Vieh- und Schlachthofes"

1911:
Mitglied des Ausstellungsamtes und Leiter des Bauamtes der „Internationalen Hygiene-Ausstellung Dresden 1911"

1911:
Verleihung des „Ritterkreuzes der Französischen Ehrenlegion" durch den Präsidenten der französischen Republik Falliers anläßlich der „Internationalen Hygiene-Ausstellung Dresden 1911"

4.7.1912:
Verleihung des „Komturkreuzes des St. Stanislaus-Ordens" durch den Kaiser von Rußland[12]

1912:
Mitglied des Ehrenausschusses des „Vierten Internationalen Kongresses für Kunsterziehung, Zeichnen und angewandte Kunst Dresden 1912"

1912:
Mitglied des Gesamtvorstandes des „Dürerbundes"

1913:
„Goldene Medaille für Kunst" der „Großen Berliner Kunstausstellung 1913" (nur 4 (!) von 302 deutschen Architekten erhalten diese Auszeichnung)

1913:
„Sächsischer Staatspreis" für seine ausgestellten Arbeiten im Sonderpavillon „Deutsche Monumental-Architektur des 20. Jahrhunderts" auf der „Internationalen Baufach-Ausstellung Leipzig 1913"[13]

1913:
Verleihung des „Verdienst-Ordens vom Heiligen Michael III. Klasse"

1913:
Mitglied des Ausschusses für die Richard-Wagner-Feier 1913 in Dresden und Mitglied des Ausschusses für das Richard-Wagner-Denkmal[14]

Mitglied des Seniorenkonvets, des städtischen Kunstausschusses, des Ausschusses zur Förderung des Dresdner Hochschulwesens, der II. Ratsabteilung des Rates der Stadt Dresden und beratendes Mitglied des Baupolizeiausschusses.[15]

Anmerkungen:

1 BM, 9 (1911) ff; DBZ, 40 (1906) ff; SBZ, 16 (1906) ff u. MB, 12 (1913) ff

2 StaDD, Ratsarchiv, A. II 223/1904: Akten, den Stadtbaurat Johann Jakob Erlwein betr., Blatt 148

3 Dito, Blatt 185

4 Dito, Blatt 186

5 Erlwein, Hans: Der Skulpturenschmuck des Zwingers, in: Mitteilungen aus dem Sächsischen Kunstsammlungen, 1 (1910), S. 97/98 und Tag für Denkmalspflege und Heimatschutz Würzburg und Nürnberg 1928, Berlin 1929, S. 137 ff

6 StaaDD, Ministerium für Volksbildung, Nr. 19 217: Zwinger-Skulpturen 1898-1923 betr.

7 siehe Anmerkung 2, Blatt 200

8 Dito, Blatt 205

9 Akademischer Architekten-Verein München. Festgabe zur Feier des 25jährigen Bestehens. Der Königlichen Technischen Hochschule zu München gewidmet, München (o.J.), Blatt 36

10 StaDD, Hauptkanzlei, 268b/1906 D. R.: Figurenschmuck für die Schauseiten und für den Turm des neuen Rathauses betr.

11 DAZ vom 12.12.1907, S. 2 und Jugendstil in Dresden. Aufbruch in die Moderne, Dresden 1999, S. 50

12 Beamtenbuch der Stadt Dresden für das Jahr 1913, S. 1

13 siehe Anmerkung 2, Blätter 141, 154, 161, 205 u. 224

14 StaDD, Handakten Bürgermeister Dr. Kretzschmar, 7: Richard-Wagner-Feier 1913 betr.

15 Anmerkung 12, S. 1

11. Hans Erlwein im Spiegel der Presse seiner Zeit

Aus dem Zeugnis der Generaldirektion der Kgl. Bayerischen Staatseisenbahnen München vom 25. Februar 1898:
„... Derselbe (Erlwein) hat die ihm gestellten Aufgaben mit großem Fleiß und Eifer und besten Erfolg bearbeitet und dabei gute theoretische Kenntnisse, sowie künstlerische und praktische Befähigung an den Tag gelegt."

Aus dem Zeugnis des Stadtmagistrates von Amberg vom 14. Juni 1898:
„... Trotz seiner kurzen Dienstzeit hatten wir wiederholt Gelegenheit, uns von seiner Tätigkeit als Architekt, von seiner Energie dem untergebenen Personal gegenüber sowie in Bezug auf die Handhabung der Baupolizei und von seinem unermüdlichen Fleiß zu überzeugen."

Aus dem Zeugnis der Kgl. Bayerischen Militärverwaltung München vom 06. Dezember 1898
„...Dieser Aufgabe hat sich der Genannte mit Umsicht, Geschick und sehr großem Fleiß gewidmet und hierbei Praxis und eine sehr schätzenswerte höhere Fachbildung an den Tag gelegt."

Geheimer Hofrat Dr. von Schmitt, Bamberg, an den Rechtsanwalt Dr. Paul Häckel, Dresden, am 12. November 1904:
„Erlwein sei ein ganz hervorragend talentierter, geschickter, tüchtiger Architekt und in seinem Dienste unermüdlich fleißig und eifrig. Hans Erlwein hat in Bamberg viele Feinde; entlassene Hilfsarbeiter, manche Bauunternehmer, denen Hans Erlwein nicht zu Willen war, und vielleicht auch seine Konfession als Protestant haben ihm viel Feindschaft erweckt...Allem in Allem geht meine Ansicht dahin, daß Hans Erlwein eine vorzügliche technische Kraft ist und gerade in einem größeren Gemeinwesen auch Vorzügliches als Architekt leisten wird."

Dresdens Oberbürgermeister Georg Beutler an das Kgl. Sächsische Kultusministerium am 09. August 1909:
„... Erlwein hat sein Amt in Dresden stets in tadelloser Weise versehen. Er hat sich nicht nur als geschickter Verwaltungsbeamter bewährt, sondern vor allem eine allseitig anerkannte künstlerische Begabung gezeigt, die die städtischen Bauten in ausgezeichneter Weise beeinflußt hat ..."

„Dresdner Neueste Nachrichten" vom 14. Dezember 1912, S. 3:
„... Hans Erlwein hat häßliche Bausünden in Dresden wieder gutgemacht. Hat dem Stadtbilde an mehr als einer Stelle den Stempel seiner außergewöhnlich starken künstlerischen Persönlichkeit aufgeprägt."

„Dresdner Anzeiger" vom 19. Dezember 1912, S. 5:
„Hans Erlwein ist ein Schulbaumeister ersten Ranges. Was er hier geschaffen hat (24., 32. und 34. Bez.-Schule), bedeutet einen großen Fortschritt auf diesem Gebiete."[1]

„Dresdner Anzeiger" vom 11. Oktober 1914, S. 5, Nekrolog von Paul Schumann in der Rubrik „Kunst und Wissenschaft":
„... Behutsam wurde sein Schaffen vor allem dadurch, daß er von vornherein die neuen Bestrebungen der Stadtbaukunst verwerten konnte, denen er sich mit voller Überzeugung und mit vollem Verständnis hingab. Nicht auf einen bestimmten Stil ging sein Streben, sondern darauf, alle seine Bauten dem vorhandenen Stadtbild harmonisch einzuordnen, jedes Bauwerk eigens für die Stelle zu gestalten, für die es bestimmt war. Daher die Verschiedenheit der mannigfaltigen Nutzbauten, die Hans Erwlein für Dresden geschaffen hat. Trotzdem aber wird man nicht leicht einen Bau Hans Erlweins mit dem eines anderen Architekten verwechseln. Nicht um sonst studierte er unaufhörlich die Eigenart von Dresdens alten Bauten, suchte er sich vor allem die Umrißwirkung der Dächer klarzumachen, wohl wissend, daß sie die Wirkung eines Stadtbildes in bedeutsamer Weise mit bestimmen. Erinnerten seine ersten Bauten noch unmittelbar an seine süddeutsche Schule, so streifte er diese weiterhin mehr und mehr ab, je mehr er in Dresden heimisch wurde und in das Dresdnerische hineinwuchs. Auch ging er von mehr malerischer Auffassung im Sinne reicher Bewegtheit allmählich zu mehr klassischer Ruhe über. Trotzdem kann man Hans Erlweins Gesamtschaffen als deutschvolkstümlich bezeichnen, und bis zuletzt wahrte er die köstliche Frische und wir möchten sagen, die Heiterkeit, die seinen Bauten eigen ist, die er der Zweckmäßigkeit, dem Nutzwerte, dem A und dem O seines Schaffens als künstlerische Zutat, als Eigenes stets beigab. Er war eben in erster Linie Künstler, eine echte Künstlernatur voll Kraft und Temperament, erfüllt von

dem Glauben an sich selbst, der ihn im Verein mit seinem Können zur siegreichen Vollendung seiner Pläne und Entwürfe führte. Nie begnügte er sich dabei mit dem ersten Entwurf, mit der annähernden oder genügenden Erfüllung der Aufgabe, immer von neuem arbeitete er seine Pläne durch, immer wieder verwarf er, was ihm künstlerisch noch nicht vollkommen erschien, immer entwarf und plante er von neuem, bis er sein Bestes gegeben hatte. Die Zusammenarbeit aller Künste lag ihm nicht minder am Herzen als die schon erwähnten Gesichtspunkte: angewandte Kunst war das Losungswort, unter dem er die Plastik, die Malerei, die ornamentale Kunst zu gemeinsamen Schaffen in den Dienst der Architektur stellte, die besten Vertreter reifer moderner Kunst an sich heranzog. Unter diesem Losungswort gründete Hans Erlwein auch die Künstlervereinigung „Die Zunft", die seit der epochemachenden „III. Deutschen Kunstgewerbe-Ausstellung Dresden 1906" die in diesem Sinne schaffenden Künstlerkräfte Dresdens in sich vereinte. Ganz erstaunlich ist die Fülle der Schöpfungen Hans Erlweins in Dresden. Noch lagen bedeutsame Aufgaben auf Hans Erlweins Schultern, vor allem die Neugestaltung des Königsufers in Dresden-Neustadt, für die er sich die Berechtigung nicht als städtischer Beamter, sondern im freien Wettbewerb mit den bedeutendsten Baukünstlern in Deutschland durch den I. Preis geholt hatte; weiterhin die im gange befindlichen Bauten, unter denen das Kunstausstellungs- und Verwaltungsgebäude auf dem Gelände des städtischen Ausstellungspalastes wohl der wichtigste ist. Überblicken wir die fast endlose Reihe von ganz verschiedensten architektonischen Leistungen Hans Erlweins, die sich auf kaum zehn Jahre zusammendrängen, so überkommt uns unwillkürlich das Gefühl restloser Bewunderung für die unerschöpfliche Leistungsfähigkeit und für die unermüdliche Arbeitsamkeit, die sich seiner künstlerischen Genialität zugesellt ..."

Dresdens Oberbürgermeister Otto Beutler auf der gemeinschaftlichen Sitzung des Rates und der Stadtverordneten vom 15. Oktober 1914:

„... Hans Erlweins ureigenste Persönlichkeit, die Liebe zur Schönheit, die heitere Auffassung des Lebens, verbunden mit einer unerbittlichen Wahrheitsliebe, ... Hat sich mit seinen städtischen Bauten ein dauerndes Denkmal geschaffen, das seine Bedeutung und seinen Ruhm noch jahrhundertelang verkünden wird."[2]

„Deutsche Bauhütte", 18 (1914), S. 496, Nekrolog:

„... In seinen zahlreichen bedeutenden Bauten für die Stadt Dresden ... hat er eine überaus vielseitige und selbständige, schöpferische Kraft und feinstes Verständnis für alle künstlerischen Fragen, insbesondere auch der Straßen- und Platzgestaltung bekundet. In seiner Formensprache hat er manche Vorzüge und Reize seiner heimatlichen bayerischen Bauweise mit großem Geschick verwendet, im Innern der Stadt aber immer mehr sich an die alte Dresdner Bauüberlieferungen des 18. Jahrhunderts angeschlossen. Durch die vortreffliche Durcharbeitung aller Pläne bis ins einzelne hat er auch den Arbeiten des Ausbaues eine vortreffliche Durchführung gesichtert und mit großem Verständnis und sicherem Blick eine Schar trefflich geschulter Handwerker herangezogen. Alle mit ihm und für ihn arbeitenden Künstler, Kunsthandwerker und Handwerker haben durch ihn starke Förderung und eifrigste Vertretung ihrer wirtschaftlichen und Standesinteressen erfahren ..."

„Die Bauwelt", 5 (1914), Nr. 41, S. 6 („Hans Erlwein"):

„... er ist nur 42 Jahre alt geworden ... In der Stellung als Stadtbaurat in Dresden entwickelte Erlwein ein ungemein reiches Schaffen. Fast sämtliche städtische Bauten seit 1905 sind sein Werk ... Erlweins Architektur zeigt eine kräftig derbe Natur, Schmuck und behäbigen Reichtum; er war jedoch seinem ganzen Wesen nach von Überreichtum, Geistreichelei wie vom Arbeiten in auswendig gelernten Formen irgend eines Stils weit entfernt. So kann man auch wohl Anklänge an barocke und klassizistische Bauten finden, nirgends aber eine stärkere Anlehnung ... Für die Bestrebungen der Fachgenossen, sich zusammenzuschließen, war Erlweins Mitarbeit fruchtbar ... Dem Bund Deutscher Architekten trat er als einer der ersten bei ... Die Fachgenossen werden ihm ein ehrendes Gedenken widmen als eines derer, der im großen Maßstab angelegt war. Erlwein war ein Mann, der kraftvoll auf sein Ziel losging und der auch auszusprechen wußte, was er wollte. Für Wünsche und Ziele anderer hatte er immer Verständnis, so daß keine Unklarheiten in den Beziehungen zu anderen aufkamen. Wo aber sein Wille entscheidend war, da mußten sich die beugen, die mit ihm arbeiteten. Das erfuhren Mitarbeiter, Architekten, Maler und in wohl noch höherem Maße die an seinen Bauten beschäftigten Bildhauer. So tragen denn seine Werke, auch in den Einzelheiten, die von anderen ausgeführt wurden, seines Geistes Stempel."

1 StaDD, Ratsarchiv A. II 223/1904: Akten, den Stadtbaurat Johann Jakob Erlwein betr., Blätter 14, 24, 25 u. 188

2 Dito, Blatt 275 c

„Süddeutsche Bauzeitung", 24 (1914), S. 279, Nekrolog:

„... Dresden verliert in Hans Erlwein einen genialen Leiter seines Hochbauamtes; sein Name ist trotz der jähen Unterbrechung seines Schaffens mit der Baugeschichte Dresdens unlöslich verbunden. Er hat bei seinen Bauten in Dresden ... an die alte Dresdener Baukultur wieder angeknüpft und zugleich die neueren Bestrebungen der Städtebaukunst mit großem Geschick verwertet. Sein Hauptbestreben war, alle seine Bauten dem vorhandenen Stadtbild harmonisch einzuordnen, jedes Bauwerk eigens für d i e Stelle zu gestalten, für die es bestimmt war ... Mit Hans Erlwein schwindet ein ... Mann mit gleich großer organisatorischer und künstlerischer Befähigung!"

Architekt Wilhelm Kreis in „Neudeutsche Bauzeitung", 10 (1914), S. 529/530:

„Erlwein erfreute sich besonders in der Stadt, der er sein größtes und reifstes Können gab, in Dresden, einer außerordentlichen Beliebtheit und Berühmtheit. Er stand hier an der Spitze eines gewaltigen Betriebes und begann seine Tätigkeit zu einer Zeit, als der Übergang Dresdens zu einer bewegten modernen Großstadt am sichtbarsten und kräftigsten sich kundtat. Er löste die ihm hier gestellten Aufgaben mit einer alle mittragenden und mittätigen Kräfte fortreißenden Energie. Er verleugnete nicht seine oberbayerische Herkunft und wurde doch in allem den praktischen und künstlerischen Bedürfnissen der wachsenden sächsischen Hauptstadt gerecht, ohne deren unschätzbare Vergangenheitswerte in Gefahr zu bringen. Erlwein war ein ganz moderner Mensch und ein Praktiker, und das moderne Leben mit seiner Eigenart, seinen Widersprüchen und Rücksichtslosigkeiten fesselte und reizte den Organisator und Gestalter in ihm aufs höchste. Es war gewiß für das moderne Dresden, dessen öffentliche Kunst der Vergangenheit noch heute so viel Wärme und so viel sinnliches Leben ausstrahlt, ein Glück, daß der Verweser seiner öffentlichen Bautätigkeit als Gestalter die Wärme und gesunde Sinnlichkeit Süddeutschlands mitbrachte und sich bewahrte und daß er im übrigen allem Philosophieren, allen Geistreicheleien in der Kunst von Grund aus abhold war. So konnte er den mancherlei Angriffen, denen seine verantwortungsvolle und schwierige Tätigkeit unvermeidlich ausgesetzt war, durch sein zielbewußtes und ehrliches Arbeiten selbst den erfolgreichsten Widerstand entgegensetzen. Seine Freunde und Bewunderer wie seine Gegner anerkennen heute im Überblicken seines reichen künstlerischen Wirkens die liebenswerte starke Persönlichkeit, das kräftig-natürliche Kunstempfinden und die feine Zurückhaltung, das Maßhalten in der Gestaltung, das gerade dem Verweser eines so großen Baubetriebes zur eisernen, aber oft schwer zu erfüllenden Pflicht gemacht ist ... Erlwein konnte bei aller oberbayerischer Derbheit, die er gern und humorvoll an den Tag legte, ein vorzüglicher Diplomat sein, wenn es galt, seine Pläne trotz Widersachern in der Künstlerschaft oder Bürgerschaft durchzusetzen. Sein Ehrgeiz wurde gelegentlich auch der mitkämpfenden Privatarchitektenschaft gefährlich, der er jedoch in allen sie besonders angehenden Fragen mit wärmstem Interesse und vollstem Verständnis zu dienen wußte. Die Gründung der Dresdener „Zunft", in der sich die Dresdener Künstlerschaft freundschaftlich zusammenfand, ist Erlweins Werk...".

Architekt Emil Beutinger in „Der Industriebau", 5 (15. Dezember 1914), Heft 12, S. 247, Nekrolog:

„... Ein Großer im Reiche der Kunst ist nicht mehr ... Mit welchem Eifer hat er unsere Ziele gefördert, wie begeistert war er bei den Vorbesprechungen, die zur Gründung unserer Zeitschrift geführt, und welch prächtige Werke hat er selbst geschaffen. Und das war nur ein einzelnes Arbeitsgebiet. Dresdens Ruf als neuzeitliche Kunststadt ruhte mit auf seinen Schultern, was heute an den bemerkenswertesten Bauten in Dresden das Stadtbild beherrscht, ist Erlweins Werk. Ein Beherrschter, aber kein Bedrückter – feinsinniger kann kaum ein Künstler zu Werke gehen, um Altes zu schonen – Neues zu bauen. Vorsichtiger und abwägender ging keiner zu Werke, und doch war er als Künstler kein Sentimentaler, sondern eine Kraftnatur, die ein erstrebtes Ziel nicht locker ließ. Dresden hat er in den letzten Jahren den Stempel seiner Persönlichkeit aufgedrückt und seine Kollegen haben ihn willig und freudig als Führer anerkannt. Wie als Künstler, so war er auch als Mensch. Wir trauern um beide!".

Architekt Emil Högg in „Der Baumeister", 13 (1914), 2. Novemberheft, S. 14-18, Nekrolog:

„... Nur etwa zehn Jahre lang stand seine gewaltige Arbeitskraft im Dienste der Stadt Dresden, und doch beherrscht sein Genius ihre bauliche Erscheinung. Wer seine künstlerische Ausdrucksweise kennt und versteht, dem begegnet Hans Erlwein auf Schritt und Tritt... Auch wo er nicht selbst mitgebaut, wo er nur die ordnende, führende, schützende Hand über dem dauernd sich verschiebenden, dauernd sich neu gebärenden Großstadt-Gebilde hielt, auch da fühlt man ihn ... Er liebte die angewandte Kunst im bewußten Gegensatz zur Kunst um der Kunst willen. Maler und Bildhauer waren für ihn nicht die Dekorateure des Architekten, die fertige Gebäude zu verschönern hatten. Nein, ihre Motive waren ihm von Anbeginn seines Entwurfes an untrennbare, organische Bestandteile der Architektur ... Am Anfang seiner Amtszeit standen Bauten, die deutlich noch die gemütlich-breite Münchner Deutschrenaissance verraten, vorsichtige Anlehnungen an historische Formen mit kleinen Zugeständnissen an modernen Geschmack ... An Stelle des Sachlichkeitsstils tritt später eine freiere Behandlung der Massen und Formen, eine größere Freude an Reichtum der Erscheinung, an Farbe und Schmuck, ein bestimmteres Herausarbeiten des Typs. Wer seine letzten Werke sieht, Joannstädter Stadthaus, Fachschule und Mädchengymnasium Melanchthonstraße und Ausstellungsgebäude Lennéstraße, und sie mit den bisherigen Leistungen vergleicht, der muß mit schmerzlichem Bedauern fühlen, daß der 42jährige noch lange nicht alles gesagt hatte, was er auf der Bühne deutscher Kunst zu sagen hatte ... Niemand ist unersetzlich ... Aber daß Hans Erlwein s c h w e r zu ersetzten ist, das fühlt heute wohl ganz Dresden ..."

<u>*Kunstwissenschaftler Paul Schumann in „Dekorative Kunst", 22 (1915), S. 94, Nekrolog:*</u>

„... In noch nicht zehn Jahren hat Hans Erlwein in Dresden eine fast unübersehbare Reihe von Bauwerken geschaffen ... alles, was seit zehn Jahren an städtischen Bauten in Dresden entstanden ist mit Ausnahme des Neuen Rathauses, der Friedrich-Ausgust-Brücke und des Krematoriums. Das Kennzeichnende an Erlweins Schaffen ist, daß er allenthalben mit Bewußtsein die Grundsätze des modernen Städtebaues zur Geltung gebracht hat, daß er jeden Bau für den Platz schuf, für den er bestimmt war, so daß in jedem Fall ein harmonisches Stadtbild entstehen mußte, daß er endlich stets unverbrüchlich auf Echtheit und Solidität drang und nur die Verwendung der besten Baustoffe duldete. Die hervorragendsten ihm geistesverwandten Künstler wie Georg Wrba, Karl Groß, Otto Gussmann, Paul Rößler zog er zur Mitarbeit an seinen Bauten heran, nicht minder die bewährtesten Kunsthandwerker aller Art. So verbreitete er durch seine Bauten eine vornehme Baugesinnung, die ein dauerndes Erbe seines Wirkens bleiben wird. Zweckmäßigkeit und Nutzwert war ein oberster Grundsatz, aber darüber hinaus wußte er seinen Schöpfungen das persönliche künstlerische Gepräge zu geben, das sie inbesonders auszeichnet. Immer tiefer versenkte er sich in den Geist Alt-Dresdens. So empfand man seine Kunst in Dresden gar bald als echt heimatlich; das zeigt sich vor allem in der Silhouette seiner Bauten, in der Dachausbildung. Seine persönliche Note aber spielt sich in der Frische, in der Heiterkeit und Lebendigkeit seiner Bauwerke aus. Namentlich den Schmuck vergoldeter Steinornamente, der in Dresden aus der Barockzeit heimatberechtigt ist, und den Schmuck vergoldeter Schmiedearbeiten brachte er wieder zu Ehren. Hierfür ist ein glänzendes Beispiel das Alte Rathaus am Altmarkt, das er mit der neuen Löwenapotheke zu einer prächtigen Baugruppe vereinigte. Hans Erlwein war zugleich Heimatkünstler und moderner Mensch ..."

<u>*Architekt und Kunstwissenschaftler Cornelius Gurlitt in „Neudeutsche Bauzeitung", 13 (1917), S. 33/34:*</u>

„... Er stand inmitten eines großzügigen Schaffens. Eine Reihe von Bauten waren noch im Gange, anderes befand sich in Vorbereitung. Dazu war er durch sein gewandtes Auftreten – bayerischer Grundton bei außerordentlichem Geschick im Verkehr – zu einem Führer der Dresdner Künstlerschaft geworden. Wohl warf man ihm Vorliebe für einzelne Meister vor – aber es waren eben die Besten, die er um sich gesammelt hatte, zuverlässig für seine Freunde, aber auch ein kräftiger Gegner seiner Feinde – und auch deren waren nicht wenige! ... Erlwein brachte Münchner Anregungen mit. Jederzeit hat er sich als Schüler Gabriel Seidl`s bekannt. Aber er studierte mit eifrigem Bemühen das alte Dresden, nicht um dessen Formen neu zu beleben, sondern um neuzeitige Bauten zu schaffen, die den Geist der Stadt aufnahmen und weiter führten. Ihm war darum zu tun, mit Massen zu wirken, ihn beschäftigte die Form der Dachbildung und der Gesamtaufteilung der Schauseiten mehr als die schmückende Einzelheit und die geschichtliche Stilform. Die Schicht baugeschichtlichen Wissens die auf seiner Produktion lag, war nicht tief: überall trat in ihm der Mensch seiner Zeit kräftig hervor, namentlich an solchen Anlagen, die neuen Ausdruck forderten ... In der Erfüllung dieser Aufträge liegt seine eigentliche Bedeutung, in der Kühnheit, mit der er seine Gedanken vortrug und durchsetzte, seine anregende Kraft ... Sich einfügen in das Stadtbild und trotzdem überall die eigene künstlerische Haltung zu wahren war sein Ziel ... Nur wer beobachten konnte, mit wie aufrichtiger Liebe und mit wie tiefem Verständnis er das Schöne in alten Bauten sah und schätzte, wo er nur konnte, nur der versteht ganz Erlweins Ringen um die neue Form, seine Abneigung einesteils gegen den Jugendstil, gegen die Verneinung des inneren Zusammenhanges mit der Vergangenheit, aber noch nicht gegen die Stilkünstler, die mit dem Gehirn längst Verstorbener zu denken sich für befähigt halten, weil sie mit Hilfe kunstgeschichtlicher Gelehrsamkeit ihnen die Formensprache und die Konstruktionsprodukte ablauschten."

Abkürzungen im Werkverzeichnis, Katalog und Anhang

AJ – Architektur des 20. Jahrhunderts
AK – Ansichtskarte
AR – Architektonische Rundschau
Ausf. – Ausführung
Ausst. – Austattung
BA – Bamberg
BAK – Blätter für Architektur und Kunsthandwerk
Bauausf. – Bauausführung
Baube. – Baubeginn
Bauf. – Bauführer
Baul. – Bauleitung
Bd., Bde. – Band, Bände
bes. – besonders
betr. – betrifft, betreffend
Bez.- – Bezirks-
Bildhau. – Bildhauerarbeiten
BM – Der Baumeister
BW – Die Bauwelt
bzw. – beziehungsweise
cm – Zentimeter
DAZ – Dresdner Anzeiger
DBH – Deutsche Bauhütte
DBZ – Deutsche Bauzeitung
DG – Dachgeschoß
DD – Dresden
DKD – Deutsche und Dekoration
DM – Deutsche Mark
DNN – Dresdner Neueste Nachrichten
DüB – Dürer-Bund, Flugschrift
Einw. – Einweihung
EG – Erdgeschoß
ehem. – ehemals
Entw. – Entwurf
Entwurf – Entwurf eines Werkes über die städtischen Bauten Dresdens unter der Leitung von HE, Zirkel-Verlag Berlin (Cornelius Gurlitt), Mai 1915
Eröffn. – Eröffnung
ff – folgende (Seiten)
HE – Hans Erlwein
HG – Hintergebäude
IB – Der Industriebau
ID – Gaststätte „Italienisches Dörfchen"
Inbetr. – Inbetriebnahme
Jh. – Jahrhundert
Kat. – Ausstellungskatalog
KfA – Die Kunst (Die Kunst für Alle)
KG – Kellergeschoß
l. – links
LBZ – Leipziger Bauzeitung
M – Mark
m – Meter
MB – Moderne Bauformen
Mio. – Millionen
NBZ – Neudeutsche Bauzeitung
OG – Obergeschoß
PB – Der Profanbau
P. BA – Postkartensammlung Helmut Frank /Bamberg
plast. – plastischer
Proj. – Projekt
r. – rechts
S. – Seite
SBZ – Süddeutsche Bauzeitung
SNN – Sächsische Neueste Nachrichten
ST – Der Städtebau
StaAmberg – Stadtarchiv Amberg
StaBA – Stadtarchiv Bamberg
StaaDD – Sächsisches Hauptstaatsarchiv Dresden
StaDD – Stadtarchiv Dresden
StaER – Stadtarchiv Erlangen
svw. – so viel wie
u. – und
u.a. – und andere, unter anderem
u.a.m. – und anderes mehr
Überg. – Übergabe
UG – Untergeschoß
usw. – und so weiter
VB – Verwaltungsbericht des Rates der Stadt Dresden
versch. – verschieden (-e, -es)
VKM – Velhagen & Klasings Monatshefte
WV – Werkverzeichnis
ZRBA – Zentralregistratur Bamberg

12. Werkverzeichnis – Katalog

WV 1. Proj. Umbau Städtisches Realgebäude, Amberg, 1898

-StaAmberg, Zg. II 457 u. 458, Dito, Bde. 157 u. 158.

WV 2. Einbau der Offiziers-Speiseanstalt in den Mittelbau der Türkenkaserne, Theresienstraße, München 1898

Im 2. Weltkrieg zerstört.

-StaDD, Ratsarchiv A. II. 233/1904: Akten den Stadtbaurat Johann Jakob Erlwein betr., Blatt 24.

WV 3. Forsthaus Weipelsdorf (Fl.-Nr. 744/3 der Gemarkung Bischberg), 1899

Bauzeit: Mai bis Juni 1899; Überg.: 22.07.1899; Baul.: Paul Flechsel; Kosten: 17.800 M.
Wohnhaus, Verbindungsbau und Scheune (im Zwischenhaus heute die Diensträume des Revierförsters) 1992 restauriert.

-ZRBA, VI. H. 494/15: Forsthaus Weipelsdorf, 1886 ff; Stadt Bamberg Hochbauamt, ad Nr. 7 561: Försterwohnhaus Weipelsdorf betr., Vertrag, Grundriss, Schnitte u. Ansichten (Maßstab 1:100); Robert Zink (Hg.): Stadtentwicklung in Bamberg. Hans Erlwein (1872-1914), Bamberg 1997, S. 50.

WV 4. Wohnhaus für Gasfabrik, Magazinstraße 3, Bamberg, 1899

Überg.: 09.08.1899; Baul.: Paul Flechsel; Bauausf.: F.X. Sepp; Kosten: 10.000 M.
Zweigeschossiges Fachwerkhaus, 1929 Einbau einer Wohnung im DG u. Fassadenänderung (Fachwerk unter Putz), nach 1960 abgebrochen.

-StaBA, C. 6 Baureferat, Nr. 183: Errichtung eines Wohngebäudes für zwei Vorarbeiter der Gasfabrik, Magazinstraße betr.; ZRBA, VI. F. 426/28: Erbauung eines Wohngebäudes für den Gasmeister, Magazinstraße 3 und 3a, 1899 betr.

WV 5. Gewächshaus im Bauhof, Magazinstraße, Bamberg, 1899

Abgebrochen.

-StaBA, C. 6 Baureferat, Nr. 182: Gewächshaus im städtischen Bauhof betr. 1899.

Forsthaus Weipelsdorf, Foto 1992 (WV 3)

Straßendekoration, Bamberg, Foto 1899 (WV 6)

Straßendekoration, Bamberg, Foto 1899 (WV 6)

WV 6. Straßendekoration anläßlich der Einw. des „Prinzregent Luitpold-Denkmals" am 7./8. Oktober 1899, Bamberg, 1899

Nach dem 08.10.1899 abgebrochen.

-StaBA, B.S. 365/4: Fotos mit der Urheberschaft von HE, dessen Unterschrift u. dem Datum 7.10.1899; P. BA, Postkarte: Ehrenpforte auf der Luitpoldstr.

WV 7. Direktorenwohngebäude für Irrenanstalt St. Getreu, St. Getreu-Straße 3, Bamberg, 1899

Bauzeit: Mai 1899 bis Dezember 1899; Überg.: 11.12.1899; Baul.: Michael Schenk; Ausf.: Friedrich Reuter; Ausst.: plast. Schmuck: Peter Kaiser u. Georg Löwisch; Kosten: 28.000 M.

-StaBA, C.6. Baureferat Nr. 124: Direktorwohngebäude Irrenanstalt betr. (angewiesene Rechnungen); Dito, C.6. Baureferat Nr. 129: Erbauung eines Wohngebäudes für den Direktor der Irrenanstalt betr. 1899/1900; Dito, C.6. Baureferat Nr. 130: Erbauung Direktor-Wohngebäude betr., St. Getreu-Straße, Irrenanstalt St. Getreu; ZRBA, VII. B. 1220/14: Erbauung eines Wohngebäudes für den Direktor der Irrenanstalt St. Getreu, 1899; Robert Zink (Hg.): Stadtentwicklung in Bamberg. Hans Erlwein (1872-1914), Bamberg 1997, S. 50 ff.

WV 8. Umbau des ehemaligen Rüdel'schen Schulhauses, Theuerstadt 1, Bamberg, 1899/1900

Bauzeit: Sommer 1899 bis Januar 1900; Baul.: Michael Schenk; Kosten: 5.432 M.

-StaBA, VII. A. 860/14: Vermietungen der Wohnungen im vormals Rüdel'schen Schulhause, II. Bd., 1890.

Direktorenwohnhaus für Irrenanstalt St. Getreu, Bamberg, Foto 1992 (WV 7)

Zeichnung „Chirurgischer Krankenpavillon" um 1900, Bamberg (WV 12)

WV 9. Umbau Heuwaggebäude, Jesuitenstraße 11/ Heumarkt, Bamberg, 1899/1900

Kosten: 1899 6.750 M.

-ZRBA, VII. A. 893/37: Burgerhofsgebäude nun Stadtbauamtsgebäude u. Beiakt: Heuwaggebäude, Jesuitenstraße 11 (Ecke Heumarkt); Alt-Bamberg, IV. Bändchen, Bamberg 1901, S. 344.

WV 10. Hopfenmarkthalle, Edelstraße 9, Bamberg (Fl.-Nr. 447), 1900

Bauzeit: Juni bis Juli 1900
1954 für den Neubau der Turnhalle des Instituts der Evangelischen Fräuleins abgebrochen (Abbruchbeginn 29.11.1954).

-ZRBA, VI. P. Edelstraße 7-9, Bd. I (Hopfenmarkthalle).

WV 11. Ehrengrabstätte der Stadt Bamberg für ihre Ehrenbürger, Zentralfriedhof Abt. I, B 158, Bamberg, 1900

Ausst.: plast. Schmuck: Georg Löwisch.

-StaBA, Acta des Magistrats der Stadt Bamberg, C 2, Nr. 32 6084: Erlwein, Hans 1898 betr. (Brief von HE an den Magistrat vom 29.11.1900); ZRBA, Titel V, Fach-Nr. 202, Akten-Nr. 23: Friedhof; SBZ, 10 (1900), S. 181/182 mit Abb. (hier Architekt Paul Flechsel der Entw. zugeschrieben, der zu dieser Zeit städtischer Oberbauführer in BA ist).

Chirurgisches Krankenhaus (heute Stadtarchiv), Bamberg, Foto 1992 (WV 12)

Westgiebel, Chirurgisches Krankenhaus (heute Stadtarchiv), Bamberg, Foto 1992 (WV 12)

Sonnenuhrgiebel, Luitpoldschule, Bamberg, Foto 1992 (WV 13)

Luitpoldschule, Bamberg, AK um 1910 (WV 13)

Luitpoldschule, Bamberg, Foto 1992 (WV 13)

Giebel an der Turnhalle, Luitpoldschule, Bamberg, Foto 1992 (WV 13)

WV 12. Umbau und Neubauten Altes Krankenhaus und Neubau Chirurgischer Pavillon (Chrirurgisches Krankenhaus), Untere Sandstraße 30 und 30a, Bamberg, 1899-1901

12.1. Umbau u. Neubauten Altes Krankenhaus, Untere Sandstraße 30 (Fl.-Nr. 2777)
Bauzeit: April 1899 bis Dezember 1899; Baul.: Michael Schenk; Kosten: 115.625 M
Nach Umbauten seit 1990 Hotel Residenzschloß.

-StaBA, C. 6. Baureferat Nr. 150: Errichtung einer Koch- u. Waschküche im allgemeinen Krankenhaus betr.; Dito, VII. B. 1223/23: Erweiterung des Krankenhauses, sowie Erbauung eines Pavillons für die chirurgische Abteilung, Bd. II, 1893; Robert Zink (Hg.): Stadtentwicklung in Bamberg. Hans Erlwein (1872-1914), Bamberg 1997, S. 50.

12.2. Chirurgischer Pavillon (Chirurgisches Krankenhaus), Untere Sandstraße 30a (Fl.-Nr. 2776)
Bauzeit: August 1899 bis April 1901; Eröffn.: 21. April 1901; Bauausf.: Anton Staller; Ausst.: plast. Schmuck: Philipp Dorsch, Malerei: Bonifaz Locher, Glaskunstmalereien u. vier Porträtbüsten im Treppenhaus; Kosten: 350.000 M.
Nach Beseitigung der späteren Anbauten u. einer inneren Umgestaltung in den Jahren 1985-1991 wird der Bau heute als Stadtarchiv genutzt u. am 8.11.1991 der Öffentlichkeit übergeben.

-StaBA, VII. B. 1223/23: Erweiterung des Krankenhauses, sowie Erbauung eines Pavillons für die chirurgische Abteilung, Bd. II, 1893; Festschrift zur Eröffnung des Chirurgischen Krankenhauses zu Bamberg April 1901; Bamberg. Ein Führer zur Kunstgeschichte der Stadt für Bamberger u. Zugereiste, Bamberg 1989, S. 208/209 mit Abb.; Schuster, Anton: Bamberg u. Umgebung, Bamberg 1918, S. 107; SBZ, 11 (1901), S. 186 ff mit Abb., Grundrisse u. Längsschnitt; Robert Zink (Hg.): Stadtentwicklung in Bamberg. Hans Erlwein (1872-1914), Bamberg 1997, S. 54 ff.

Luitpoldschule, Bamberg, Foto 1992 (WV 13)

WV 13. Luitpoldschule, Memmelsdorfer Straße 7a, Bamberg (Fl.-Nr. 1113), 1900/1901

Bauzeit: März 1900 bis August 1901; Überg.: 01.09.1901; Baul.: Paul Flechsel; Ausst.: plast. Schmuck: Philipp Dorsch, Alexius Ehrl u. Firma Ceder & Schaaf, Malereien: Bonifaz Locher (Fresko St. Florian) und König, schmiedeeiserne Gitter G. u. A. Bosch; Kosten: 316.800

M (dabei Bildhauerarbeiten 8.297 M, Kunstmalerarbeiten 1.556 M u. Schlosserarbeiten 3.741 M).
Die Restaurierung Ende 1980 zeigt nur teilweise das ehemalige farbige Bild des Schulkomplexes, die Turnhalle erhält auf der Hofseite neue Fenster, Beseitigung des Hofeingangs u. damit Vereinfachung der gesamten Hofseite.

-StaBA, VI. 139/32: Erbauung eines III. Schul-Hauses im II. Distrikt zu Bamberg, Memmelsdorfer Straße, 1892-1899, I. Bd. u. 1899-1959, II. Bd.; Dito, B. S. 333: Luitpoldschule, Memmelsdorfer Straße 7a; Hochbauamt Bamberg, Planunterlagen im Maßstab 1:100 vom Januar 1900, Schnitte u. Ansichten (Schnitt E:F mit nordwestlicher Hofansicht AD. Nr. 22 510 Blatt 7); ZRBA, VII. A. 893/80: Umbau des Stadtbauamtsgebäudes. 1903; P. BA, Postkarte: Prinz Luitpoldschule Bamberg; DBZ, 38 (1904), S. 197 ff mit Abb. u. Grundrissse; SBZ, 10 (1900), S. 197 ff mit Abb., Ansichten u. Grundrisse; Bamberg. Ein Führer zur Kunstgeschichte der Stadt für Bamberger u. Zugereiste, Bamberg 1989, S. 210 ff; Robert Zink (Hg.): Stadtentwicklung in Bamberg. Hans Erlwein (1872-1914), Bamberg 1997, S. 57 ff.

WV 14. Um- und Anbauten am Stadttheater, Schillerplatz 5-7, Bamberg, 1900/1901

Kosten: 25.000 M.
Durch spätere architektonische Veränderungen sind die An- u. Umbauten heute nicht mehr nachvollziehbar.

-StaBA, C. 6. Baureferat Nr. 160: Bauaufwendungen im Stadttheater 1900 betr.; Papke, Gabriele: Die Geschichte des Theaters zu Bamberg 1860-1978, Bamberg 1985, S. 40; Alt-Bamberg, VI. Bändchen, Bamberg 1901, S. 308-310.

WV 15. Städtisches Elektrizitätswerk, Tränkgasse 4, Bamberg (Fl.-Nr. 816), 1900/1901

Bauzeit: 1900 bis 1901; Inbetr.: 01.12.1901; Baul. u. Bauführung: Wilhelm Thomaß u. Johann Steiner; Kosten: 800.000 M.

Erweiterung Domschule, Bamberg, Foto 1992 (WV 16)

oben und links: Ehemaliges Städtisches Elektrizitätswerk, Bamberg, Foto 1992 (WV 15)

In den 80er Jahren zum Abbruch vorgesehen, nur Proteste u. eine Hausbesetzung verhindern dies. Seit 1988, unter Beibehaltung eines Teils der interessanten technischen Ausstattung, Sitz der Volkshochschule der Stadt BA. Die drei Dachreiter, der hohe Schornstein u. die architektonische Gliederung des Nordgiebels fallen den Umbauten zum Opfer.

-ZRBA, VI. F. 412/16: Errichtung eines städtischen Elektrizitätswerkes in Bamberg, VI. Bd., 1901 u. Beiakte: Kostenvoranschläge u. Baupläne für das Elektrizitätswerk, 1900; Bamberg, Bamberg 1926, S. 104 ff; Bamberg. Ein Führer zur Kunstgeschichte der Stadt für Bamberger u. Zugereiste, Bamberg 1989, S. 207 ff; Denkmale in Bayern, Bd. IV, Oberfranken, München 1986, S. 33; Robert Zink (Hg.): Stadtentwicklung in Bamberg. Hans Erlwein (1872-1914), Bamberg 1997, S. 60.

WV 16. Erweiterung Domschule, Obere Karolinenstraße 4a, Bamberg, 1901

Bauzeit: Frühjahr 1901 bis Anfang November 1901; Baul.: Johann Steiner; Bauausf.: Georg Benedikt; Kosten: 80.000 M.

-StaBA, C. 6. Baureferat Nr. 201: Erweiterung der Domschule, Vertragsoriginal 1901; ZRBA, VI. 139 bis 143/34, Bd. I: Erweiterung des Schulhauses im IV. Bezirk (Domberg) zu Bamberg, 1899 ff; Alt-Bamberg, IV. Bändchen, Bamberg 1901, S. 233.

WV 17. Veränderungen an der Oberen Brücke, Bamberg, 1900-1902

-StaBA, VI. J. 616/15 (C. 2. 19 778): Obere Brücke, I. Bd., 1845 u. zwei Beiakten: Obere Rathausbrücke betr. (Plan vom Oktober 1899); Die Kunstdenkmäler von Bayern. Bamberg, Innere Inselstadt, Bd. II, München 1990, S. 1234.

Veränderungen Obere Brücke, Bamberg, AK um 1930 (WV 17)

WV 18. Zollhaus, Memmelsdorfer Straße 148, Bamberg, 1902

Bauzeit: März 1902 bis Juni 1902; Überg.: 26.06.1902; Baul.: Michael Schenk; Ausst.: plast. Schmuck Philipp Dorsch; Kosten: 6.000 M. 13.08.1919 ausgebrannt u. danach wieder erneuert, 1966 zugunsten von Neubauten abgerissen.

-StaBA, VII. A. 893/38: Das Examinatorenhaus an der Memmelsdorfer Straße, 1882 (Zollhaus); Bamberger Volksblatt, 1966, Nr. 45, S. 11 mit Abb.

WV 19. Bebauungsplan Wilhelmsplatz, Bamberg, 1899-1903

-StaBA, VI. P. 748/12: Bebauung des Wilhelmsplatzes u. Herstellung einer Anlage daselbst, 1900; Dito, VII. A. 830/41: Disziplinaruntersuchungen gegen Magistratsbeamte ... beim Stadtmagistrat Bamberg -Stadtbaurat Erlwein betr.- 1904; Dito, BD d 42: Baugeschichte – Städtebauliche Einbindung – Erneuerungen (Zentralgerichtsgebäude Bamberg) betr., Abschlußarbeit für das Aufbaustudium Denkmalpflege von Susanne Jung u. Heidi van der Weide, Bamberg 1988, S. 151 ff; StaDD, Ratsarchiv A. II. 233/1904: Akten, den Stadtbaurat Johann Jakob Erlwein betr., Blatt 25; ZRBA, VII. A. 893/80: Umbau des Stadtbauamtsgebäudes, 1903.

Veränderungen Obere Brücke, Bamberg, Foto 1992 (WV 17)

Korpshaus „Baruthia", Erlangen, Foto 1904 (WV 21)

Korpshaus „Baruthia", Erlangen, Foto 1905 (WV 21)

WV 20. Umbauten Altes Rathaus, Obere Brücke, Bamberg, 1902/1903

Die fünf Beleuchtungskörper des Festsaales werden nach 1926 entfernt.

-ZRBA, VII. A. 803/33: Bauaufwendungen, Reperaturen am Rathausgebäude, Bd. II, 1883 ff; Bamberg, Berlin 1926, Abb. 62, S. 51.

WV 21. Korpshaus Baruthia, Rathsbergerstraße 20, Erlangen (Fl.-Nr. 1223), 1902/1903

Bauzeit: Oktober 1902 bis Juni 1903; Überg.: 20.07.1903; Baul.: Paul Flechsel; Ausst.: plast. Schmuck, Innendekoration u. Malerei: Max Nein; Kosten: 150.000 M.

-StaBA, VII. A. 830/41: Disziplinaruntersuchungen gegen Magistratsbeamte ... beim Stadtmagistrat Bamberg -Stadtbaurat Erlwein betr.- , 1904; StaER, 241. BA. 4836: Rathsbergerstraße 20. Corpshaus-Baruthia betr.; AJ, 5 (1905),S. 28/29 mit Abb. u. Tafel 47; Österreichische Wochenschrift für den öffentlichen Baudienst, 9 (1903), S. 708 ff mit Längsschnitt, Grundrisse u. Tafeln 77/78.

WV 22. Städtischer Zentralschlachthof, Lichtenhaidestraße 1, Bamberg (Fl.-Nr. 6876), 1902/1903

Bauzeit: Februar 1903 bis Dezember 1903; Überg.: 04.01.1904; Inbetr.: 06.01.1904; Baul.: Paul Flechsel u. Anton Staller; Bauausf.: D. Fuchs; Ausst.: plast. Schmuck: Philipp Dorsch, Kunstschmiedearbeiten der Gitter; Kosten: 2 Mill. M.
Bauliche Veränderungen an den über 26 Baulichkeiten (die z.T. aneinander gebaut sind) in barockisierenden Formen, wie am Verwaltungs- u. Werkstättengebäude, Aufstockung u. Vergrößerung des Pferdestalles u. der Wagenunterkunft an der Lichtenhaidestraße u. Vereinfachung der Aufbauten der Einfriedung.

-ZRBA, VI. D. 324/21: Erbauung eines Centralschlacht-Hauses in Bamberg, III. Bd., 1900-1902 u. Bd. IV, 1902-1907; StaBA, B. S. Lichtenhaidestraße 1, H.1 B.1 u. H.1 B.2; P. BA, Postkarten: Haupteingang u. Fliegeraufnahme der gesamten Anlage; Denkmale in Bayern, Bd. IV, Oberfranken, München 1986, S. 23 ff; Bamberg, Bamberg 1926, S. 92 ff mit Abb.; Robert Zink (Hg.): Stadtentwicklung in Bamberg. Hans Erlwein (1872-1914), Bamberg 1997, S. 64.

Städtischer Zentralschlachthof, Bamberg, Foto 1992 (WV 22)

Sanitätsanstalt, Städtischer Zentralschlachthof, Bamberg, Foto 1992 (WV 22)

Maschinenhaus, Städtischer Zentralschlachthof, Bamberg, Foto 1992 (WV 22)

WV 23. Erweiterung der Wunderburgschule, Holzgartenstraße 2, Bamberg (Fl.-Nr. 1585), 1903

Baul.: Michael Schenk; Kosten: 25.000 M.
Der im Stil der deutschen Renaissance erbaute Altbau von 1880 u. die im gleichen Stile erbaute Erweiterung werden nach 1950 verputzt u. man kann von der alten Architektur nur das äußere Erscheinungsbild erkennen.

-ZRBA, IV. 139/33: *Erweiterung des Wunderburger Schulgebäudes, 1897-1916, Bd. I.*

WV 24. Umbau Stadtbauamtsgebäude (ehem. Burgershofgebäude, Jesuitenstraße 9), An der Universität 9, Bamberg (Fl.-Nr. 80), 1903

Baubeg.: 08.06.1903; Baul.: Michael Schenk; Bauf.: Martin Hartmann; Ausst.: plast. Schmuck; Kosten: 24.740 M.
Der ornamentale Schmuck der Eingangsfassade u. der kleine Anbau mit Pultdach ist beseitigt, die gesamte Fenster- u. Eingangsfront verändert; das Gebäude wird heute von der Universität BA genutzt.

Haupteingang, Städtischer Zentralschlachthof, Bamberg, Foto 1992 (WV 22)

-StaDD, Ratsarchiv A. II. 233/1904: Akten, den Stadtbaurat Johann Jakob Erlwein betr., Blatt 25; ZRBA, VII. A. 893/37: Burgershofgebäude nun Stadtbauamtsgebäude; Dito, VII. A. 893/80: Umbau des Stadtbauamtsgebäudes, 1903; P. BA: Postkarte: Stadtbauamt (1913); Die Kunstdenkmäler von Bayern. Bamberg, Innere Inselstadt, 2 Bde., München 1990, S. 313/314 u. S. 324; Robert Zink (Hg.): Stadtentwicklung in Bamberg. Hans Erlwein (1872-1914), Bamberg 1997, S. 70 ff.

WV 25. Blaue-Löwen-Klamm (Gasthaus Blauer Löwe), heute Studentenwohnhaus der Universität Bamberg, Judenstraße 2, Bamberg (Fl.-Nr. 2350), 1903

Stattliches Bürgerhaus mit einer Gesamterscheinung aus dem frühen 18. Jh, traufseitig mit gegliederter Fassade. Ende 1903 bauliche Veränderungen im Innern im Auftrage des Korpsphilistenverbandes BA. 1982/1983 Umbau zum Stutenwohnheim u. Sanierung des

Stadtbauamtsgebäude (heute Universität), Bamberg, Foto 1992 (WV 24)

Stadtbauamtsgebäude, Bamberg, AK 1913 (WV 24)

Dachbereiches, dabei auch Beseitigung des Lichtschachtes. Das Treppenhaus wird im II. OG wieder geschlossen u. die Stuckdecke ergänzt.

-ZRBA, Bauakt Nr. 78: Judengasse 2 betr. (mit Bauplan vom September 1903, Besitzer Josef Maex).

WV 26. Proj.-Bearbeitung der Restaurierung Schloß Birkenfeld, Birkenfeld/Unterfranken, 1903

-StaBA, VII. A. 830/41: Diziplinaruntersuchungen gegen Magistratsbeamte ... beim Stadtmagistrat Bamberg, -Stadtbaurat Erlwein betr.- 1904; Gräflich Ortenburgsches Archiv Tambach, Abteilung „Familie u. Grafschaft bzw. Herrschaft Ortenburg-Tambach", Akte: Sicherungsarbeiten u. Instandsetzung des Schlosses Birkenfeld, Kostenvoranschlag des Stadtbaurates Hans Erlwein, Bamberg, 1903 ... unter den Plänen u. Karten: 1. „Projekt über Entwässerung des Schlosses Birkenfeld, Seiner Erlaucht dem Grafen von Ortenburg gehörig. Bamberg, den 29. Juni 1903.", unterschrieben mit „Erlwein, A. Staller". Lageplan 1:2500; Längenprofil Längen 1:2500, Höhen 1:100, Maße 36 cm x 47,5 cm, Signatur B 73. 2. „Restaurierung des Schlosses Birkenfeld. Seiner Erlaucht dem Grafen von Ortenburg gehörig. Bamberg, im Juli 1903.", unterschrieben mit „Erlwein". 6 Pläne betr. KG, EG, Zwischengeschoß, I. OG, II. OG, Schnitt 1:50, Maße 40 cm x 33 cm, Signaturen B 75-79. 3. „Entwurf für eine Monumentalfassade für das Schloß Birkenfeld. Bamberg, Oktober 1903.", unterschrieben mit Stadtbaurat Erlwein", Maßstab 1:50, Maße 49,5 cm x 64 cm, Signatur B 80.

WV 27. Bedürfnisanstalt (Toilettenkiosk), Promenadestraße 19a, Bamberg (Fl.-Nr. 375), 1904

Bauzeit: August bis Oktober 1904; Kosten: 7.000 M.

-ZRBA, VII. A. 893/28: Die Herstellung öffentlicher Pissoiers u. Aborte, Bd. II; Denkmale in Bayern, Bd. IV, Oberfranken, München 1986, S. 29.

WV 28. Wohnhaus, Schiffbauplatz 10, Bamberg, 1904

Bauzeit: Februar bis Mai 1904; Überg.: 15.06.1904; Bauherr: A. Müller; 1910 Erweiterung durch den Erker im I. OG.

-Stadt Bamberg, Hochbauamt, ad Nr. 7 561: Försterwohnhaus Weipelsdorf betr., farbiger „Entwurf zu einem Forst-Hause in Weipelsdorf" vom Januar 1899; ZRBA, VI. P.: Schiffbauplatz 10, 1903 betr.

WV 29. Proj. Feuerwache Dresden-Plauen, Würzburger-/Hofmühlenstraße, um 1905

-Entwurf, Nr. 45.

Bedürfnisanstalt, Bamberg, Foto 1992 (WV 27)

Wohnhaus Schiffbauplatz, Bamberg, Foto 1992 (WV 28)

Proj. Feuerwache Plauen, Dresden, Foto 1922 (WV 29)

WV 30. Straßendekoration beim Einzug des Kaisers Wilhelm II. in Dresden am 25.10.1905

Kosten: 25.918 M.
Nach den Feierlichkeiten abgebaut.

-Entwurf, Nr. 120; VB 1904-1908, Dresden 1911, Bd. I, S. 352.

WV 31. 3. Erweiterungsbau Maternihospital (Haus D), heute Elsa-Fenske-Heim, Freiberger-/Ammonstraße, Dresden, 1905

Überg.: 14.12.1905; Inbetr.: 01.01.1906.
Das Eckgebäude brennt 1945 aus u. ist nur noch im EG erhalten; 1952 z.T. verändert als Elsa-Fenske-Feierabendheim wiederhergestellt; ab 1994 Wiederaufbau des Erlweinbaus, Wiedereröffn. als Haus 2 am 15.11.1996.
Siehe: WV 147. 4. Erweiterungsbau Maternihospital, DD, 1915/1916.

-StaDD, Akten der Stadtverordneten, M 22, Bd. III 1906: Maternihospital betr.

WV 32. Bedürfnisanstalt Lennéstraße, Mittelallee/Lennéwiesen, Dresden, 1905

Kosten: 7.300 M.
Februar 1945 zerstört.
Siehe: WV 27. Bedürfnisanstalt Promenadestraße, BA, 1904.

-DüB, 107. Flugschrift: Einfache städtische Nutzbauten in Dresden von Hans Erlwein, München 1913, S. 42 u. Abb. Nr. 5; IB, 3 (1912), S. 217/218 mit Grundriß des KG u. des EG u. einem Schnitt; MB, 5 (1906), S. 420-422 mit Abb. u. Grundriss.

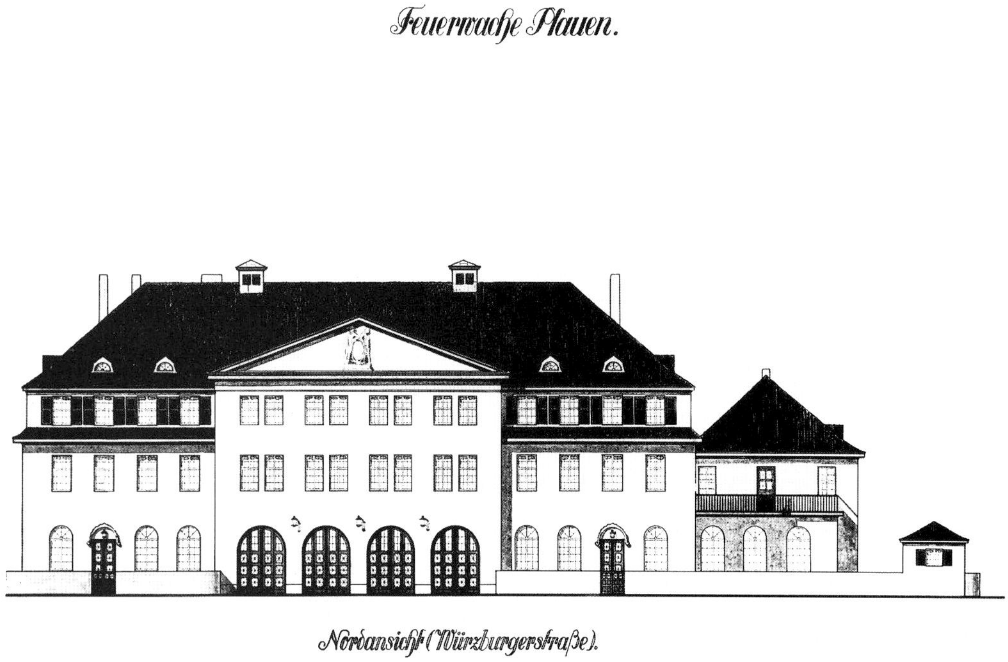

Proj. Feuerwache Plauen, Dresden, Foto 1922 (WV 29)

Straßendekorationen zum Kaiserbesuch 1905, Dresden, Foto 1905 (WV 30)

Straßendekorationen zum Kaiserbesuch 1905, Dresden, Foto 1905 (WV 30)

Bedürfnisanstalt Lennéstraße/Mittelallee, Dresden, Foto 1906 (WV 32)

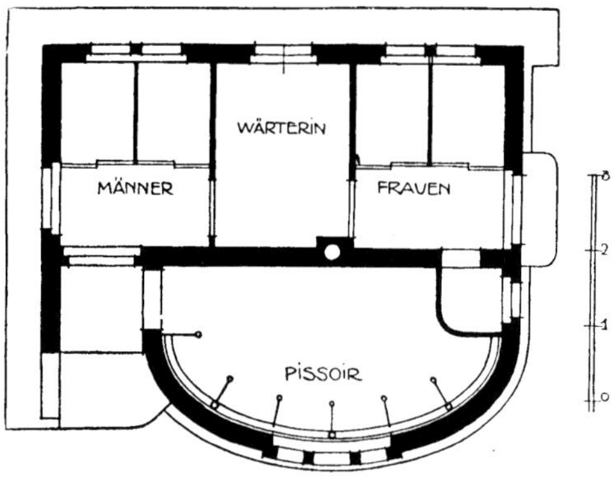

Grundriß, Bedürfnisanstalt Lennéstraße/Mittelallee, Dresden, Foto 1906 (WV 32)

WV 33. Einfassung Artesischer Brunnen, Albertplatz (Königsbrücker-/Ecke Bautzner Straße), Dresden, 1905/1906

Einw.: 14.04.1906; Kosten: 6.500 M.
Februar 1945 zerstört, 1989-1991 Rekonstruktion.

-StaDD, Akten der Stadtverordneten, B 31, Bd. II: Brunnen u. die Brunnen-Denkmale betr., Artesischer Brunnen, Blatt 93; VB 1904-1908, Dresden 1911, Bd. I, S. 351; LBZ, 2 (1906), S. 277.

WV 34. 9. Bez.-Schule, Georgplatz 4/Johannesstraße, Dresden, 1905/1906

Überg.: 21.04.1906; Kosten: 873.920 M (dabei Ausst. 45.812 M).
Februar 1945 zerstört.

-VB 1904-1908, Dresden 1911, Bd. I, S. 326-328 u. S. 359

WV 35. Crispi-Denkmal, Crispiplatz (heute Ebertplatz), Dresden-Löbtau, 1905/1906

Überg.: 07.11.1906; Bildhau.: Bronze-Standbild Mario Rutelli, Bronze-Inschrifttafel Ernst Hottenroth.
Februar 1945 teilzerstört, 1947 Teile geborgen.

-StaDD, Dezernat Aufbau, Nr. 35: Mitteilungen vom 22.11.1947; DAZ vom 08.11.1905, S. 5; Sächsischer Kurier vom 15.06.1934.

WV 36. Innenarchitektur „III. Deutsche Kunstgewerbe-Ausstellung Dresden 1906", Ausstellungsgelände Stübelallee, Dresden, 1906

Ausst.: Malerei: Otto Gussmann, plast. Schmuck: Ernst Hottenroth, Kassettendecke: Dyckerhoff & Widmann, Holzarchitektur: Udluft & Hartmann, Glasfenster: Josef Goller.
Sitzungszimmer für die Städtische Sparkasse in der Schulgasse, Ende Oktober 1906 nach Ausstellungsschluß abgebaut.
Siehe: WV 42. Stadtsparkasse Schulgasse, DD, 1906/1907.

Artesischer Brunnen, Dresden, Foto 1999 (WV 33)

Artesischer Brunnen, Dresden, AK 1906 (WV 33)

-DBZ, 40 (1906), S. 667 mit Abb. zwischen S. 666/667; Dito., Mitteilungen über Zement, Beton- u. Eisenbeton, 3 (1906), Nr. 24, S. 93/94; Dyckerhoff & Widmann A.G., Nürnberg (1910), Abb. 101; Kat.: Dritte Deutsche Kunstgewerbe-Ausstellung Dresden 1906; MB, 5 (1906), Abb. S. 243/244.

WV 37. II. Turnhalle der 35. Bez.-Schule (heute 35. Grund- und Mittelschule), Bünaustraße 32, Dresden (Fl.Nr. 154 c), 1906

Bauzeit: April 1906 bis August 1906 (Architekten-Zeichen 1. 9. 1906); Überg.: 27.08.1906; Ausst.: Malerei Paul Rößler; Kosten: 33.641 M (für die Ausst. 2.300 M).

-StaDD, Schulamt, Sect. I, Cap. IV, Nr. 248: Turnhalle 35. Bez.-Schule betr.; VB 1904-1908, Dresden 1911, Bd. I., S. 331/332 u. S. 359; MB, 5 (1906), Abb. S. 422/423 u. Grundriß.

WV 38. Straßendekoration beim Einzug des Prinzregenten Luitpold von Bayern am 17./18.01.1906, Dresden, 1906

Nach den Feierlichkeiten abgebaut.

-Entwurf, Nr. 122; DAZ vom 18.01.1906, S. 5.

WV 39. Straßendekoration beim Einzug des Prinzen und der Prinzessin Johann Georg am 26.11.1906, Dresden, 1906

Nach den Feierlichkeiten abgebaut.

-Entwurf, Nr. 119; DAZ vom 24. und 27.11.1906.

IX. Bez.-Schule Georgplatz, Dresden, AK 1907 (WV 34)

Crispi-Denkmal, Dresden, Foto 1917 (WV 35)

II. Turnhalle der 35. Bez.-Schule Bünaustraße, Dresden, Foto 1906 (WV 37)

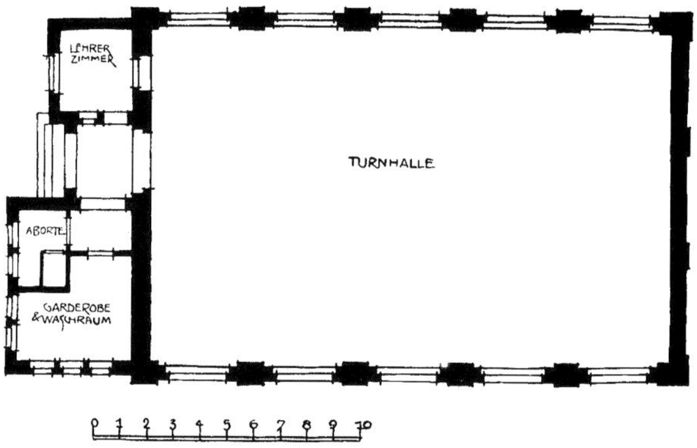

Grundriß, II. Turnhalle der 35. Bez.-Schule Bünaustraße, Dresden, Foto 1906 (WV 37)

WV 40. Straßenbahnwartehalle Parkstraße, Ecke Lennéstraße, Dresden, um 1906

Ausst.: Sgraffitos; Kosten: 5.800 M.
Die offenen Eingänge werden zugemauert bzw. erhalten Türen, das Gebäude wird als Unterkunft für die Verkehrspolizei genutzt, das Architektenzeichen entfernt, September 1999 Abriß aufgrund Straßenverbreiterung.

-DüB, 107. Flugschrift: Einfache städtische Nutzbauten in Dresden von Hans Erlwein, München 1913, S. 41 u. Abb. Nr. 2.

WV 41. II. Wasserhochbehälter Räcknitz, Volkspark, Dresden-Räcknitz, 1905-1907

Bauzeit: November 1905 bis November 1907; Überg.: 16.11.1907; Ausf.: Max Schwenke; Kosten: 16.100 M (Gesamtkosten 239.549 M).

-StaDD, Tiefbauamt, B. 145/1904: Bismarck-Säule betr., Blätter 9 u. 70; VB 1904-1908, Dresden 1911, Bd. I, S. 345 u. 359.

Straßendekorationen beim Einzug des Prinzregenten Luitpold von Bayern 1906, Dresden, Foto 1906 (WV 38)

Straßendekorationen beim Einzug des Prinzregenten Luitpold von Bayern 1906, Dresden, Foto 1906 (WV 38)

Straßenbahnwartehulle Lenné-/ Parkstraße, Dresden, Foto 1907 (WV 40)

WV 42. Stadtsparkasse Schulgasse, Schulgasse 4/ Pfarrgasse 3, Dresden, 1905-1907

Bauzeit: Juni 1905 bis März 1907; Überg.: 22.03.1907; Ausst.: plast. Schmuck/Fenstergitter: Ernst Hottenroth (Ausf. der Fenstergitter Carl Eduard Oertel Söhne, Leopold Armbruster u. Curt Roch), Malerei: Paul Rößler u. Otto Gussmann; Glasfenster: Josef Goller u. Paul Rößler, Kosten: 362.728 M.
Februar 1945 zerstört.

-StaDD, Akten der Stadtverordneten, F 32: Friedrich-August-Brücke, Umgestaltung Theaterplatz u. Italienisches Dörfchen betr. (1911), Blatt 123; AR, 24 (1908), S. 24 u. Tafel 20; Dito, 27 (1911), Abb. S. 111; Einweihungs-Festschrift, Dresden 1907, mit Abb.; MB, 5 (1906), Abb. S. 240-244 u. Tafel 51, Dito, 6 (1907), Abb. S. 283-293 u. Tafeln 47-50; VB 1905-1908, Dresden 1911, Bd. I, S. 313-316 u. S. 359.

HANS ERLWEIN-DRESDEN
Sparkasse der Staat Dresden

Stadtsparkasse Schulgasse, Dresden, Foto 1907 (WV 42)

24. Bez.-Schule Haydnstraße, Dresden, Foto 1907 (WV 43)

Rückseite, 24. Bez.-Schule Haydnstraße, Dresden, Foto 1907 (WV 43)

König-Georg-Gymnasium Fiedlerplatz (heute Poliklinik), Dresden, Foto 1907 (WV 44)

WV 43. 24. Bez.-Schule (heute Gymnasium Joseph Haydn) Haydnstraße 49, Dresden-Striesen (Flur.-Nr. 110), 1906/1907

Bauzeit: März 1906 bis April 1907 (Architektenzeichen mit der Jahreszahl 1906; Abschlußstein am Nebeneingang mit der Jahreszahl 1907); Überg.: 07.04.1907; Ausst.: plast. Schmuck: Ernst Hottenroth, Malereien: Paul Perks, Gitter: Maximilian Steck; Kosten: 611.039 M (für die Innenausst. 62.000 M).
Februar 1945 die gesamten Dachaufbauten zerstört, später, ohne die Risalit- bzw. Giebelbauten der Straßen- u. Hofseite, ohne Uhr u. ohne die fünf Dachreiter für die Belüftung, vereinfacht mit Satteldach u. vollständig ausgebautem DG (als IV. OG) wieder hergestellt.

-StaDD, Akten der Stadtverordneten, F 32: Friedrich-August-Brücke, Umgestaltung Theaterplatz u. Italienisches Dörfchen betr. (1911), Blatt 123; AR, 27 (1911), Abb. S. 113; MB, 6 (1907), Abb. S. 415-423, S. 424 Grundriß u. Tafeln 68 u. 72; PB, 5 (1909), Abb. S. 7/8 u. Beilage: Technischer Beirat, S. 1 ff mit Abb.; VB 1904-1908, Dresden 1911, Bd. I, S. 323-325 u. S. 359.

Rückseite, Feuerwache Schlüterstraße, Dresden, Foto 1907 (WV 45)

Feuerwache Schlüterstraße, Dresden, Foto 1907 (WV 45)

WV 44. König Georg-Gymnasium, Fiedlerplatz 6 (heute Chirurgische Poliklinik des Universitätsklinikums „Carl Gustav Carus", Fiedlerstraße 25), Dresden, 1906/1907

Bauzeit: Frühjahr 1906 bis Oktober 1907; Einw.: 12.10.1907 (Architektenzeichen 12. X. 1907, r. am Haupteingang im Sandstein eingearbeitet); Baul.: Bauführer Patzig; Ausst.: plast. Schmuck: Karl Groß, Ernst Hottenroth und Richard Guhr, Malereien: Otto Gussmann und Paul Rößler, Brunnen: Robert Ockelmann, Gitter: Carl Eduard Oertel Söhne; Kosten: 742.547 M (dazu die innere Einrichtung 75.000 M).
1928/1929 Erweiterung des Festsaales, Anbau bis zur Prinzenallee, Aufstocken des Verbindungsbaues mit der Turnhalle u. Ausbau des III. OG durch Carl Hirschmann, Februar 1945 teilzerstört, das Dach abgedeckt, die Turnhallen zerstört u. das Gebäude eine Ruine, 1949/1950 Teilwiederherstellung als Poliklinik, 1978-1985 Teilrekonstruktion für 5 Mio. M Kosten, durch die Baumaßnahmen von 1928/1929 u. 1978-1985 entstand ein völlig neues Gebäude, der größte Teil der Erlweinschen Planung ging bereits 1928 verloren.

-StaDD, Akten der Stadtverordneten, F 32: Friedrich-August-Brücke, Umgestaltung Theaterplatz u. Italienisches Dörfchen betr. (1911), Blatt 123; Technische Universität DD, Institut für Baugeschichte, Katalog-Nr. 498: 11 Blätter (Farbstudien 1903-1905/1907), Fiedlerplatz, König Georg-Gymnasium, DD; AR, 24 (1908), S. 102-104 mit Abb. u. Grundriß; Dito, 27 (1911), Abb. S. 111; MB, 7 (1908), S. 49-56 u. S. 60, Tafeln 9/10; Dito, 10 (1911), Abb. S. 147/148; PB, 5 (1909), Abb. S. 1-7 mit Aufnahmeplänen u. Grundriß, Beilage: Technischer Beirat, S. 6 ff mit Abb. (Eisenbetondecken); SBZ, 19 (1909), S. 289 mit Abb.; VB 1904-1908, Dresden 1911, Bd. I, S. 320-322 u. S. 359.

WV 45. Feuerwache Schlüterstraße, Schlüterstraße 39/Glashütter Straße, Dresden-Striesen, 1906/1907

Bauzeit: August 1906 bis September 1907; Überg.: 30.09.1907 (Architektenzeichen 30.9.1907); Einw.: 01.10.1907; Baul.: Richard Louis; Ausst.: Malereien: Paul Perks; Kosten: 192.284 M.
1997/1998 renoviert u. denkmalgerecht umgebaut.

-StaDD, Akten der Stadtverordneten, F 32: Friedrich-August-Brücke, Umgestaltung Theaterplatz u. Italienisches Dörfchen betr.(1911), Blatt 123; Akademischer Architekten Verein München. Festschrift zur Feier des 25jährigen Bestehens. Der Königlichen Technischen Hochschule zu München gewidmet, München (o.J.), Tafel 36, Entwurfs-Zeichnung zu einem Bezirksfeuerhaus in DD-Striesen von um 1905; AR, 24 (1908), S. 38/39 mit Grundriß u. Tafel 36; AJ, 8 (1908), S. 12/13 u. Tafel 18; DüB, 107 Flugschrift Einige städtische Nutzbauten in Dresden von Hans Erlwein, München 1913, S. 38/39; MB, 7 (1908), Abb. S. 57-59 u. Tafel 11; PB, 5 (1909), Grundriß S. 7 u. Abb. S. 9 und Beilage: Technischer Beirat, S. 4 ff mit Abb.; SBZ, 19 (1909), S. 291 mit Grundriß; VB 1904-1908, Dresden 1911, Bd. I, S. 338/339 u. S. 359.

WV 46. Friedhofsbefestigungen, Auferstehungskirche, Altplauen 5/ Schleiermacher Straße, Dresden-Plauen, 1907

Bauzeit: Juli 1907 bis November 1907; Einw.: 01.12.1907 (Architektenzeichen am Rundturm 1.12.1907); Baul.: Emil Sachße; Ausst.: Gitter: Carl Eduard Oertel Söhne, Malerei im Turm: Otto Gussmann, Bronzerelief: Alexander Höfer.
1995 Rekonstruktion der Erlweintreppe.

-Denkschrift über den Neubau der Auferstehungskirche Dresden-Plauen, 1908; MB, 7 (1908), Abb. S. 457-461.

Friedhofsbefestigungen, Auferstehungskirche Plauen, Dresden, AK 1978 (WV 46)

Stadthaus Löbtauer Straße, Dresden, Foto 1908 (WV 51)

Bedürfnisanstalt Pfotenhauerstraße, Dresden, Foto 1907 (WV 47)

WV 47. Bedürfnisanstalt (Männer-Pissoir), Pfotenhauerstraße/nahe Ecke Fetscherstraße, Dresden-Johannstadt, 1907

Bauzeit: (Architektenzeichen 24.4.1907); Kosten: 3.400 M.
Bis ca. 1970 genutzt, heute geschlossen, dient einem Bienenstock als Behausung, Fenster u. Türen teilweise vermauert.

-DüB, 107. *Flugschrift: Einfache städtische Nutzbauten in Dresden von Hans Erlwein, München 1913, S. 41.*

WV 48. Bauliche Veränderungen an einigen Häusern der Städtischen Heil- und Pflegeanstalt (heute Pflegeheim Löbtau), Löbtauer Straße, Dresden-Löbtau, 1907

Kosten: 128.704 M Einzelkosten für die Häuser E, F und H.
Siehe: WV 50. Verwaltungsgebäude der Städtischen Heil- u. Pflegeanstalt, DD, 1907/1908.

-StaDD, Akten der Stadtverordneten: F 32 Friedrich-August-Brücke, Umgestaltung Theaterplatz u. Italienisches Dörfchen betr. (1911), Blatt 123; VB 1904-1908, Dresden 1911, Bd. I, S. 334-336 u. S. 360.

WV 49. Straßendekoration beim Einzug des Kaisers Wilhelm II. am 25. Mai 1907, Dresden, 1907

Nach den Feierlichkeiten abgebaut.

WV 50. Verwaltungsgebäude der Städtischen Heil- und Pflegeanstalt, Löbtauer Straße 33, Dresden-Löbtau (Fl.-Nr. 308), 1907/1908

Überg.: Ostern 1908 (Benutzung seit Juni 1908); Ausst.: plast. Schmuck: Ernst Hottenroth, Mosaikbild: Paul Perks; Kosten: 114.283 M.
Februar 1945 teilweise zerstört, danach vereinfachter Wiederaufbau.
Siehe: WV 48. Bauliche Veränderungen in der Städtischen Heil- u. Pflegeanstalt, DD-Löbtau, 1907.

-StaDD, Akten der Stadtverordneten: F 32 Friedrich-August-Brücke, Umgestaltung Theaterplatz u. Italienisches Dörfchen betr. (1911), Blatt 123; MB, 7 (1908), Abb. S. 279/280; SBZ, 19 (1909), S. 290 mit Grundriß.

Verwaltungsgebäude Städtischen Heil- und Pflegeanstalt Löbtauer Straße, Dresden, Foto 1908 (WV 50)

WV 51. Stadthaus Löbtauer Straße (Städtische Sparkasse und Wohnhaus), Löbtauer Straße 2, Dresden-Friedrichstadt (Fl.-Nr. 473), 1907/1908

Bauzeit: Juni 1907 bis März 1908; Überg.: 28.03.1908, Sparkassenräume u. ihre Ausst. am 27.06.1908 (Architektenzeichen 28.3.1908); Ausst.: plast. Schmuck: Georg Wrba, Kupferlaterne: Georg Wrba (Ausf. Georg Böschmann), Malereien: Alexander Baranowsky; Kosten: 173.339 M (dazu Inneneinrichtung 7.300 M).
Februar 1945 im Dach- u. Giebelbereich teilweise zerstört, anschließend vereinfachte Reparatur, ohne Wiederherstellung des l. Giebels, plast. Schmuck bis auf drei Ausnahmen noch erhalten, HG Juli/August 1985 für die Lückenbebauung an der Schäferstraße abgebrochen, Gebäude in schlechtem baulichen Zustand, Rekonstruktion, die farbige Bemalung der Fassade u. die Neunutzung des Gebäudes im Gespräch.

-StADD, Akten der Stadtverordneten: F 32 Friedrich-August-Brücke, Umgestaltung Theaterplatz u. Italienisches Dörfchen betr. (1911), Blatt 123; AR, 27 (1911), Abb. S. 112; DAZ vom 29.03.1908, S. 5; MB, 7 (1908), Abb. S. 277/278; VB 1904-1908, Dresden 1911, Bd. I, S. 317-319 u. S. 360.

WV 52. III. Wasserwerk Hosterwitz, Dresden-Hosterwitz, 1907/1908

Bauzeit: April 1907 bis November 1908; Überg.: 11.12.1908; Baul.: Richard Louis; Ausst.: plast. Schmuck: Georg Wrba, Kosten: 906.195 M (für Wasserwerk ca. 620.000 M u. II. Hochbehälter Fischhaus).
Seit 1984 Technisches Denkmal; 1994-1997 Restaurierung u. Rekonstruktion mit teilweise neuer Nutzung.
Siehe: WV 56. II. Wasserhochbehälter am Fischhaus, DD, 1908.

-StaDD, Akten der Stadtverordnten: F 32 Friedrich-August-Brücke, Umgestaltung Thetaerplatz u. Italienisches Dörfchen betr. (1911), Blatt 123; AR, 26 (1910), Beiheft 8, S. 3; IB, 1 (1910), S. 49-56 mit Übersichtsplan, Ansichten, Quer- u. Längsschnitten u. Grundrisse; MB, 8 (1909), Abb. S. 542/543; SBZ, 19 (1909), S. 290/291 mit Lageplan; VB 1904-1908, Dresden 1911, Bd. I, S. 340-343, S. 360 u. S. 463.

WV 53. Wasserhochbehälter Dresden-Plauen (Flur 237 in Coschütz), 1907/1908

Kosten: 20.585 M.

-VB 1904-1908, Dresden 1911, S. 345/346 u. S. 360.

WV 54. Gasbehälter Reick, Gasanstaltstraße 8, Dresden-Reick, 1907/1908

Bauzeit: Juli 1907 bis November 1908 ; Inbetr.: 07.11.1908; Baul.: Emil Sachße; Kosten: 940.000 M (1.624.290 M für alle ausgeführten Hochbauten des Gaswerkes Reick).
Seit 1973 außer Betrieb; Anfang der 80er Jahre verrottete Holzteile der Kuppel entfernt; 1995 Grundsanierung; neue Nutzung im Gespräch.
Siehe: WV 64. Neu- u. Umbauten Gaswerk Reick, DD, 1907-1909.

-StaDD, Akten der Stadtverordneten: F 32 Friedrich-August-Brücke, Umgestaltung Theaterplatz u. Italienisches Dörfchen betr. (1911), Blatt 123; Dito, Tiefbauamt, G 80 Flur 124: Gaswerk Reick betr., Bd. II (1908), Blatt IV (Lageplan 1:100); DAZ vom 28.06.1908, S. 5; DüB, 107. Flugschrift: Einige städtische Nutzbauten in Dresden von Hans Erlwein, München 1913, S. 36; IB, 1 (1910), S. 121-125 mit Ansichten u. Schnitten; Kat.: Neue Bauwerke der Stadt Dresden, Galerie Arnold Dresden, 10.-22.04.1913, S. 11; VB 1904-1908, Dresden 1911, Bd. I, S. 348/349 u. S. 456; Bd. II S. 243; Dito, 1909/1910, Dresden 1912, S. 325.

WV 55. Meteorologisches Häuschen am Reichsplatz, Dresden, 1908

Ausst.: plast. Schmuck: Karl Groß; Kosten: 5.000 M.
Februar 1945 zerstört.

-DüB, 107. Flugschrift: Einfache städtische Nutzbauten in Dresden von Hans Erlwein, München 1913, S. 41; MB, 8 (1909), Abb. S. 516.

III. Wasserwerk Hosterwitz, Dresden, Foto 1908 (WV 52)

Elbansicht III. Wasserwerk Hosterwitz, Dresden, Foto 1908 (WV 52)

WV 56. II. Wasserhochbehälter am Fischhaus, Fischhausstraße 17 (Fl.-Nr. 2123), Dresden, 1908

Bauzeit: Januar 1908 bis Oktober 1908; Überg.: November 1908; Baul.: Richard Louis; Ausf.: Gerstenberger & Döhler; Kosten: 306.100 M (für die gesamte Anlage).
Siehe: WV 52. III. Wasserwerk Hosterwitz, DD, 1907/1908.

-StaDD, Baupolizei, Nr. 435: Fischhausstraße 17, Hochbehälter betr., Blätter 3, 5 u. 10; Pläne: Blätter 1 (Lageplan 1:500), 2 (mit Entwurf Hochbehälter 1:100, Ansichten u. Schnitten) und 3 (Entwurf für die Kammern 1:100); DAZ vom 15.10.1908, S. 6; VB 1904-1908, Dresden 1911, Bd. I., S. 344/345 u. S. 360.

WV 57. Waschhaus-Anbau im Stadtkrankenhaus Friedrichstadt, Dresden-Friedrichstadt, 1908

Baul.: Heinrich Hertzsch.

-StaDD, Baupolizei, Nr. 277, Bd. IV: An der Friedrichstraße (Parzelle 216) -Stadtkrankenhaus betr.-, Blatt XII, Ansicht, Schnitt u. Grundriß im Maßstab 1:100 vom Februar 1908.

WV 58. Bedürfnisanstalt am Westendpark, Dresden-Plauen, um 1908

Ausst.: Malerei: Paul Rößler; Kosten: 7.700 M.
Februar 1945 zerstört.

-DüB, 107. Flugschrift: Einfache städtische Nutzbauten in Dresden von Hans Erlwein, München 1913, S. 41/42.

Gasbehälter Reick, Dresden, Foto 1910 (WV 54)

WV 59. Proj. Technisches Theater mit maschinentechnischer Lehranstalt, Dresden, um 1908

-Entwurf, Nr. 113.

Meteorologisches Häuschen Reichsplatz, Dresden, Foto 1909 (WV 55)

Schieberhaus II. Wasserbehälter am Fischhaus, Dresden, Foto 1987 (WV 56)

WV 60. Innenarchitektur „Große Kunstausstellung Dresden 1908", Ausstellungshalle, Stübelallee, Dresden, 1908

Ausst.: plast. Schmuck: Georg Wrba u. Karl Groß.
Nach der Ausstellung abgebaut.

-DAZ vom 10.05.1908, S. 2; Kat.: Große Kunstausstellung Dresden 1908, S. 1 ff; MB, 7 (1908), Abb. S. 265-271; PB, 5 (1909), Abb. S. 10-12.

WV 61. Straßendekoration beim Einzug des Großherzogs von Baden (König von Spanien) am 16./17. Oktober 1908, Dresden, 1908

Nach den Feierlichkeiten abgebaut.

-Entwurf Nr. 121; DAZ vom 16./17.10.1908.

WV 62. Stühle (ausgeführt von Ritter), Dresden, 1908

-Kat.: Große Kunstausstellung Dresden 1908, S. 49.

WV 63. Kapelle für das Stadtkrankenhaus Friedrichstadt, Seminarstraße, Dresden-Friedrichstadt, 1906-1909

Bauz.: Herbst 1906 bis Dezember 1909.

-StaDD, Baupolizei, Nr. 277 Bd. II: An der Friedrichstraße (Parzelle 216), Stadtkrankenhaus betr., Blätter 94 u. 95.

WV 64. Neu- und Umbauten Gaswerk Reick, Gasanstaltstraße, Dresden-Reick, 1907-1909

Bauz.: Juli 1907 bis November 1909; Überg.: November 1909; Baul.: Emil Sachße; Kosten: 1.624.290 M (für alle Hochbauten bei der Erweiterung das Gaswerkes Reick).
Siehe: WV 54. Gasbehälter Reick, DD-Reick, 1907/1908.

-StADD, Tiefbauamt, G 80 Flur 124: Gaswerk Reick betr., Bd. II (1908), Blatt IV (Lageplan 1:100); DAZ vom 28.06.1908, S. 5; VB 1904-1908, Dresden 1911, Bd. I, S. 348/349 u. S. 456; Bd. II, S. 243; Dito, 1909-1911, Dresden 1912, S. 325.

WV 65. 32. Bez.-Schule (heute 32. Grund- und Mittelschule), Ludwig-Hoffmann-Straße 34/Gustav-Freytag-Straße 27, Dresden-Neugruna, 1907-1909

Bauzeit: Juni 1907 bis April 1909; Überg.: 17.04.1909 (Übergabe der Turnhalle 25.04.1908); Einw.: 19.04.1909, Architektenzeichen jeweils r. an den beiden Eingängen; Baul.: Max Weidlich; Ausst.: plast. Schmuck: Karl Groß u. Georg Wrba (HE hat die Modelle zum gesamten plast. Schmuck in einem Raum im KG an den Wänden untergebracht, so daß sie im Notfall zu Wiederherstellungsarbeiten benutzt werden konnten), Glasmosaiken: Paul Perks u. Paul Rößler; Kosten: Neubau 527.690 M u. Ausst. 49.297 M.
Ehem. Knabeneingang stillgelegt, nach 1976 die Balkonbrüstung aus Holz mit plast. Schmuck von Bildhauer Karl Groß am Direktorenzimmer abgerissen u. das Dach schrittweise neu gedeckt, 1980

Zeichnung „32. Bez.-Schule Ludwig-Hoffmann-Straße/Ecke Gustav-Freytag-Straße" 1909 von Maler Fritz Beckert (WV 65)

Gartenhaus neu eingedeckt u. erputzt, 1992/1993 Restaurierung der beiden Mosaikbilder „Die sieben Schwaben" u. „Wunderbaum" u. des Holzerkers, 1992-1996 Generalsanierung.

-StADD, Akten der Stadtverordneten: F 32 Friedrich-August-Brücke, Umgestaltung Theaterplatz u. Italienisches Dörfchen betr. (1911), Blatt 123; Dito, Schulamt, Sect.I, Cap. IV, Nr. 211, Bd. I: 32. Bez.-Schule betr. mit Lageplan; BAK, 23 (1910), S. 29/30 mit Lageplan u. Grundrisse,

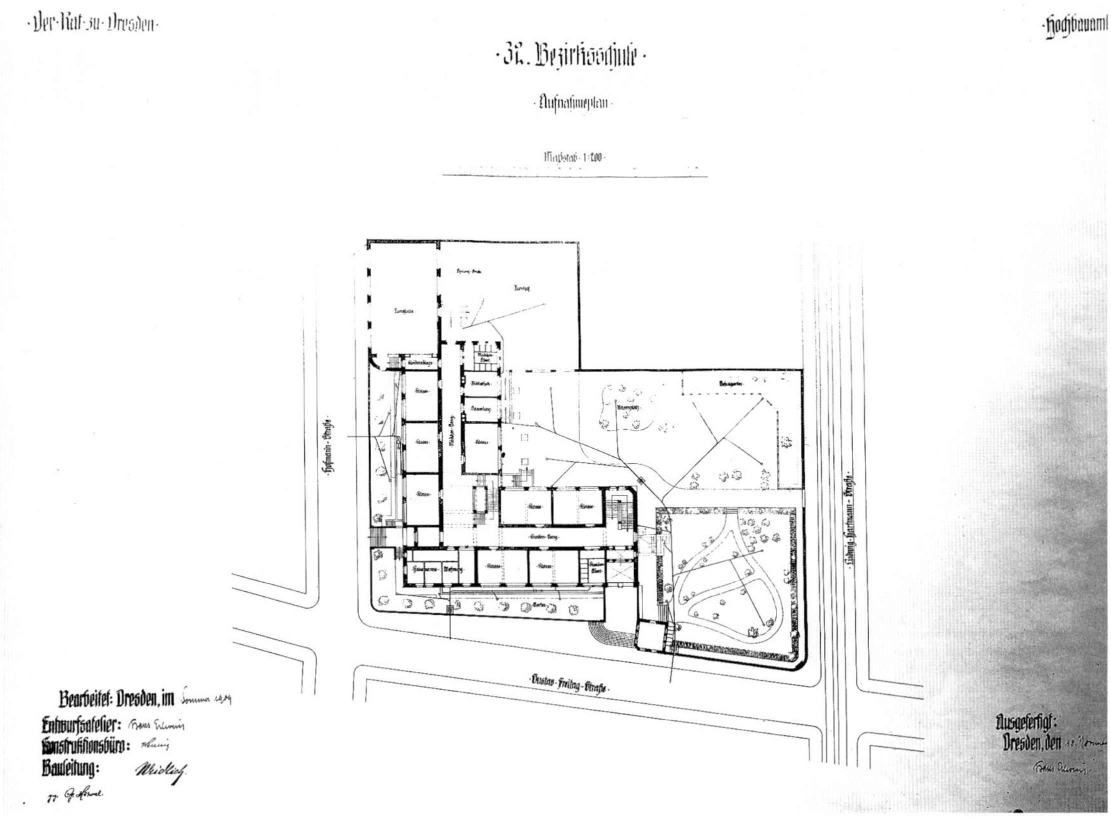

Aufnahmeplan, 32. Bez.-Schule Ludwig-Hoffmann-Straße, Dresden, Foto 1909 (WV 65)

Tafeln 71-75; Festschrift zur Feier des fünfzigjährigen Bestehens der 32. Volksschule in Dr.-Neugruna, Dresden 1931; KfA, 24 (1910/1911), Abb. S. 435 ff; MB, 7 (1908), Abb. S. 492; Dito, 8 (1909), Abb. S. 511-515 u. Tafeln 76/77; SBZ, 21 (1911), S. 241/242 mit Abb. u. Grundriß; VB 1904-1908, Dresden 1911, Bd. I, S. 328/329; Bd. II, S. 243, Dito, 1909-1910, Dresden 1912, S. 800

WV 66. Innenarchitektur und Ausst. von Repräsentationszimmern, Neues Rathaus, Ringstraße, Dresden, 1908/1909

Sitzungszimmer des Hochbauausschusses, Neues Rathaus, Dresden, Foto 1909 (WV 66)

Ausst.: Gitter: August Strohrigl (Ausf. Max Großmann), Glasfenster: Wilhelm Hartz und Paul Perks, Radierungen: Georg Erler, Malereien: Wilhelm Hartz, Anton Pepino und Paul Perks, plast. Schmuck: Karl Groß, Möbel: HE.
Februar 1945 Atelier des Vorstandes des Hochbauamtes u. Sitzungszimmer des Hochbauausschusses im III. OG, Sitzungszimmer der III. Ratsabteilung u. Vorzimmer im I. OG zerstört, plast. Schmuck teilweise geborgen u. befindet sich im Bestand des Stadtmuseums Dresden.

-StaDD, Nachlaß Karl Groß, Hs. 4, 1935, 1333 (3): Brief von HE an K. Groß vom 16.09.1909; Dito, Hauptkanzlei, 62/1910: Rathausneubau betr., Blatt 24; Dito, Ratsarchiv C XIII 81: Schenkungen für das neue Rathaus betr., Bd. I (1905), Blätter 196 u. 290; AR, 27 (1911), Abb. S. 111; DAZ vom 01.10.1910 (Außerordentliche Beilage); DBH, 15 (1911), S. 18 ff; MB, 10 (1911), Abb. S. 153-160 u. Tafeln 18, 20 u. 22-24; VB 1909-1910, Dresden 1912, S. 241 u. S. 247.

WV 67. III. Wasserhochbehälter Räcknitz, Dippoldiswalder Landstraße, Dresden-Räcknitz, 1908/1909

Bauzeit: Herbst 1908 bis Herbst 1909; Inbetr.: 07.10.1909; Kosten: 60.106 M.

-StaDD, Akten der Stadtverordneten, F 32: Friedrich-August-Brücke, Umgestaltung Theaterplatz u. Italienisches Dörfchen betr. (1911), Blatt 123; VB 1909-1910, Dresden 1912, S. 240 u. 243.

Innenarchitektur, Neues Rathaus, Dresden, Foto 1910 (WV 66)

WV 68. Umbau der alten 24. Bez.-Schule, Wartburgstraße 23/Tittmannstraße, Dresden-Striesen, 1908/1909

Bauzeit: Juli 1908 bis Anfang 1909; Überg.: Hauptgebäude 01.10.1908, Turnhalle Anfang 1909; Kosten: 38.900 M.
Februar 1945 zerstört.

-StaDD, Akten der Stadtverordneten, F 32: Friedrich-August-Brücke, Umgestaltung Theaterplatz u. Italienisches Dörfchen betr. (1911), Blatt 123; VB 1904-1908, Dresden 1911, S. 325/326 u. S. 360.

WV 69. Verkehrshäuschen am Friedrichsring, Seestraße 23, Dresden, 1909

Baul.: Hugo Völkel; Ausst.: Malerei: Paul Rößler, Türgitter u. Aushängeschilder: August Strohrigl; Kosten: 19.423 M.
Februar 1945 Oberbau zerstört; später als unterirdische Bedürfnisanstalt genutzt, heute nur diese als Schaltstelle vorhanden.

Aquarell „Atelier von Hans Erlwein im Neuen Rathaus" 1909 von Maler Wilhelm Hartz, (WV 66)

Sitzungszimmer der III. Ratsabteilung, Neues Rathaus, Dresden, Foto 1909 (WV 66)

-AR, 27 (1911), S. 104/105 mit u. Tafel 86/87 Grundrisse, Ansichten, Quer- u. Längsschnitt; DüB, 107. Flugschrift: Einfache städtische Nutzbauten in Dresden von Hans Erlwein, München 1913, S. 40/41; VB 1909-1910, Dresden 1912, S. 241 u. 243.

WV 70. Bedürfnisanstalt am Markgraf-Heinrich-Platz, Dresden-Altstriesen, 1909

Kosten: 5.854 M.
Februar 1945 zerstört.

-DüB, 107. Flugschrift: Einfache städtische Nutzbauten in Dresden von Hans Erlwein, München 1913, S. 42; VB 1909-1910, Dresden 1912, S. 241 u. 243.

WV 71. Gewächshaus für die Stadtgärtnerei, Am Tatzberg 6, Dresden, 1909

Kosten: 7.465 M.
Februar 1945 zerstört.

-StaDD, Akten der Stadtverordneten, F 32: Friedrich-August-Brücke, Umgestaltung Theaterplatz u. Italienisches Dörfchen betr. (1911), Blatt 123.

WV 72. Innenarchitektur „Photographische Ausstellung Dresden 1909", Mai bis Oktober 1909, Ausstellungsgelände Stübelalle, Dresden, 1909

Der Ausstellungsraum in der Halle für Reproduktions-Technik nach Beendigung der Ausstellung abgebaut.

-MB, 8 (1909), Abb. S. 323.

Decke im Sitzungszimmer der III. Ratsabteilung, Neues Rathaus, Dresden, Foto 1909 (WV 66)

Verkehrshäuschen am Friedrichsring, Dresden, Foto 1909 (WV 69)

Verkehrshäuschen am Friedrichsring, AK nach 1910 (WV 69)

Bedürfnisanstalt Markgraf-Heinrich-Platz Striesen, Dresden, Foto 1909 (WV 70)

WV 73. Städtischer Vieh- und Schlachthof, Schlachthofring 1-27, Dresden-Friedrichstadt, 1906-1910

Bauzeit: März 1906 bis August 1910; Inbetr.: 19.08.1910; Baul.: Bernhard Geißler; Ausst.: plast. Schmuck, Porträtbüsten u. Brunnen: Georg Wrba, Peter Pöppelmann, Selmar Werner, Fritz Kern, Otto Pilz u. August Strohrigl, Malereien: Paul Rößler, Paul Perks, Otto Gussmann u. Karl Schulz, Gitter u. Ausleger: Max Großmann; Kosten: 9,36 Mio. M für Hochbauten des Vieh- u. Schlachthofes, Ausstattung nochmals 215.202 M, III. Ladengebäude 104.171 M, Auslandsviehstallungen 208.153 M (14 Mio. M für die gesamte Anlage).

Über 70 Baulichkeiten werden durch umfangreiche Rekonstruktionen u. Umbauarbeiten stark verändert, nach 1978 Bau eines neuen Heizkraftwerks, Abriß einiger Gebäude, Stillegung des ehem. Heizungsgebäudes u. Umfunktionierung zu einem Berufsausbildungszentrum, ein großer Teil des Bronzeschmucks ist im II. Weltkrieg der Bronzereserve zum Opfer gefallen, Ende 1994 Einstellung der Fleischverarbeitung, in den denkmalgeschützten Hallen entsteht ein Ausstellungszentrum, 17. September 1999 Eröffnung der Neuen Messe im Ostragehege.
Siehe: WV 106. Bedürfnisanstalt und Wartehäuschen Schlachthofplatz, DD-Friedrichstadt, 1911/1912; WV 121. Talgschmelze, DD-Friedrichstadt, 1911-1913; WV 124. Zweiter Schweinefutterstall, DD-Friedrichstadt, 1912/1913; WV 142. Städtische Beseitigungsanstalt, DD-Friedrichstadt, 1913-1915.

-StaDD, Akten der Stadtverordneten: F 32, Friedrich-August-Brücke, Umgestaltung Theaterplatz u. Italienisches Dörfchen betr. (1911), Blatt 123; Dito, Dezernat Aufbau, Nr. 34: Nachricht vom 22.01.1949; AR, 27 (1911), S. 61 ff mit Abb.; Kat.: Neue Bauwerke der Stadt Dresden, Galerie Arnold Dresden, 10.-22.04.1913, S. 11 u. Nr. 50-55; DüB, 107. Flugschrift: Einige städtische Nutzbauten in Dresden von Hans Erlwein, München 1913, S. 1-35; Heiss, Hugo u. Kammel, Otto: Bau, Einrichtung u. Betrieb öffentlicher Schlacht- u. Viehhöfe, (5. Auflg.), Berlin 1932, S. 488; IB, 2 (1911), S. 5 ff mit Abb., Teil- u. Werkzeichnungen, Längs- u. Querschnitte, Grundrisse u. Lageplan; ST, 4 (1907), Tafel 7/8; VB 1904-1908, Dresden 1911, Bd. I, S. 353-357; Dito, 1909-1910, Dresden 1912, S. 240, 243 u. 547.

WV 74. Proj. Bürgerhospital, Fürsten-/Ecke Terscheckstraße, Dresden-Johannstadt, 1906-1910

-StaDD, Akten der Stadtverordneten, B. 46. Bd.IV: Bürgerhospital betr.; MB, 7 (1908), S. 462 Modellansichten u. S. 464 Grundrisse.

Pförtnerhaus, Städtischer Vieh- und Schlachthof, Dresden, Foto 1936 (WV 73)

Verwaltungsgebäude, Städtischer Vieh- und Schlachthof, Dresden, Foto 1910 (WV 73)

Ladengebäude, Städtischer Vieh- und Schlachthof, Dresden, Foto 1910 (WV 73)

Ladengebäude, Städtischer Vieh- und Schlachthof, Dresden, Foto 1910 (WV 73)

Verbindungshalle u. Kühlhaus, Städtischer Vieh- und Schlachthof, Dresden, Foto 1936 (WV 73)

Schauamtsgebäude, Städtischer Vieh- und Schlachthof, Dresden, Foto 1986 (WV 73)

Gartenpavillon am Schauamtsgebäude, Städtischer Vieh- und Schlachthof, Dresden, Foto 1910 (WV 73)

WV 75. Ausstellungsbauten, Städtisches Ausstellungsgelände Stübelallee, Dresden, 1909/1910

Kosten: 89.000 M (davon Schaltstelle ca. 14.000 M).
Die zwei Gaststättenhallen, die Küchenbauten, das Eisstapelhaus, die Markisenbauten und die Schaltstelle im Februar 1945 zerstört.

-StaDD, Akten der Stadtverordneten, F 32: Friedrich-August-Brücke, Umgestaltung Theaterplatz u. Italienisches Dörfchen betr. (1911), Blatt 123; 10 Jahre Dresdner Ausstellungsarbeit, Dresden 1931, S. 32, Abb. 1; VB 1909-1910, Dresden 1912, S. 241 u. 243.

Kühlhaus u. Kraftstation, Städtischer Vieh- und Schlachthof, Dresden, Foto 1936 (WV 73)

WV 76. Proj. Bebauung Königsufer, Dresden-Neustadt, 1909/1910

-*StaDD, Ratsarchiv A. XXIII. 529: Wettbewerb für die Ausgestaltung des Königsufers betr.; BM, 9 (1911), Beilage 30 B u. 63 B; DBZ, 44 (1910), S. 627; Kat.: Neue Bauwerke der Stadt Dresden, Galerie Arnold Dresden, 10.-22. 04.1913, S. 5/6; SBZ, 21 (1911), S.353/354 mit Schaubildern; ST, 10 (1913), S. 19 u. Tafeln 12/13 mit Ansichten u. Modellausschnitt.*

WV 77. Brückenzollhäuschen Carolabrücke, Dresden, vor 1910

Februar 1945 zerstört.

Kessel- und Maschinenhaus, Städtischer Vieh- und Schlachthof, Dresden, Foto 1910 (WV 73)

Pförtnerhaus am Viehhof, Städtischer Vieh- und Schlachthof, Dresden, Foto 1910 (WV 73)

Abwasserreinigungsgebäude, Städtischer Vieh- und Schlachthof, Dresden, Foto 1910 (WV 73)

Lokomotivschuppen, Städtischer Vieh- und Schlachthof, Dresden, Foto 1936 (WV 73)

Bedürfnisanstalt, Städtischer Vieh- und Schlachthof, Dresden, Foto 1936 (WV 73)

WV 78. Um- und Einbauten (Fürstengruft) Sophienkirche, Sophienstraße/Postplatz, Dresden, 1910

Bauzeit: Ostern 1910 bis 30.10.1910; Einw.: 31.10.1910; Baul.: Emil Sachße; Ausst.: Malerei: Paul Rößler, Deckenleuchten: Karl Groß; Kosten: 156.922 M.
Februar 1945 schwer beschädigt, Krypta 1949 vermauert, Ruine 1963 entfernt, 30.04.1999 Enthüllung einer Gedenktafel, die an die Zerstörung 1945 u. an den Abriß 1963 erinnert.

-StaDD, Akten der Stadtverordneten, F 32: Friedrich-August-Brücke, Umgestaltung Theaterplatz u. Italienisches Dörfchen betr. (1911), Blatt 123; DKD, 30 (1913), Abb. S. 239-243; VB 1909-1910, Dresden 1912, S. 78.

Bedürfnisanstalt, Städtischer Vieh- und Schlachthof, Dresden, Foto 1936 (WV 73)

WV 79. Musikpavillon und Erweiterung des Konzerthauses Zoologischer Garten, Dresden, 1910

Baul.: Richard Louis.
Februar 1945 zerstört.

-StaDD, Baupolizei, Nr. 1275, Bd. III, 1900: Zoologischer Garten betr., Pläne 12-17; BW, 5 (1914), Nr. 49, S. 9.

WV 80. Gewächshaus für die Stadtgärtnerei, Am Tatzberg 6, Dresden, 1910

Kosten: 24.542 M.
Februar 1945 zerstört.

-StaDD, Akten der Stadtverordneten, F 32: Friedrich-August-Brücke, Umgestaltung Theaterplatz u. Italienisches Dörfchen betr. (1911), Blatt 123.

WV 81. Königspavillon für die Einw. der Friedrich August-Brücke am Altstädter Brückenkopf (Augustusbrücke), Dresden, 1910

Nach Einw. der Brücke abgebrochen.

-Dresdner Geschichtsbuch 3, 1997, S. 98 mit Abb.; DNN vom 09.06.1997.

WV 82. Proj. Umgestaltung Rathausvorplatz, Neues Rathaus, Dresden, 1910

-DAZ vom 03.11.1908, S. 5; VB 1909-1910, Dresden 1912, S. 241.

Königspavillion Augustusbrücke, Dresden, Foto 1910 (WV 81)

WV 83. Proj. Bebauungsplan Kurfürstenplatz, Dresden-Neustadt, 1910

-Entwurf, Nr. 111.

WV 84. Proj. Warenhaus, 1910

-Negativ Nr. 8 in der Bildstelle des Stadtarchitekten in DD.

WV 85. Proj. Ausbau der Maschinenlehrbauausstellung der Technischen Hochschule, Dresden, um 1910

-Sammlungen u. Kunstbesitz der Technischen Universität Dresden, Dresden 1996, S. 17 mit Abb.

WV 86. Veränderungen an städtischen Verwaltungsgebäuden, Annenstraße 9 und Am See 2-8, Dresden, um 1910

WV 87. Trinkhallen, Dresden, um 1910

Die zwei versch. Varianten der Trinkwasserstände Februar 1945 zerstört.

-Negative Nr. 49, 50 u. 170 in der Bildstelle des Stadtplanungsamtes in DD.

Eishaus, Städtisches Ausstellungsgelände Stübelallee, Dresden, Foto 1910 (WV 75)

Vogelschau-Perspektive Projekt Königsufer, Dresden, Foto 1910 (WV 76)

Schaubild Proj. Königsufer, Dresden, Foto 1910 (WV 76)

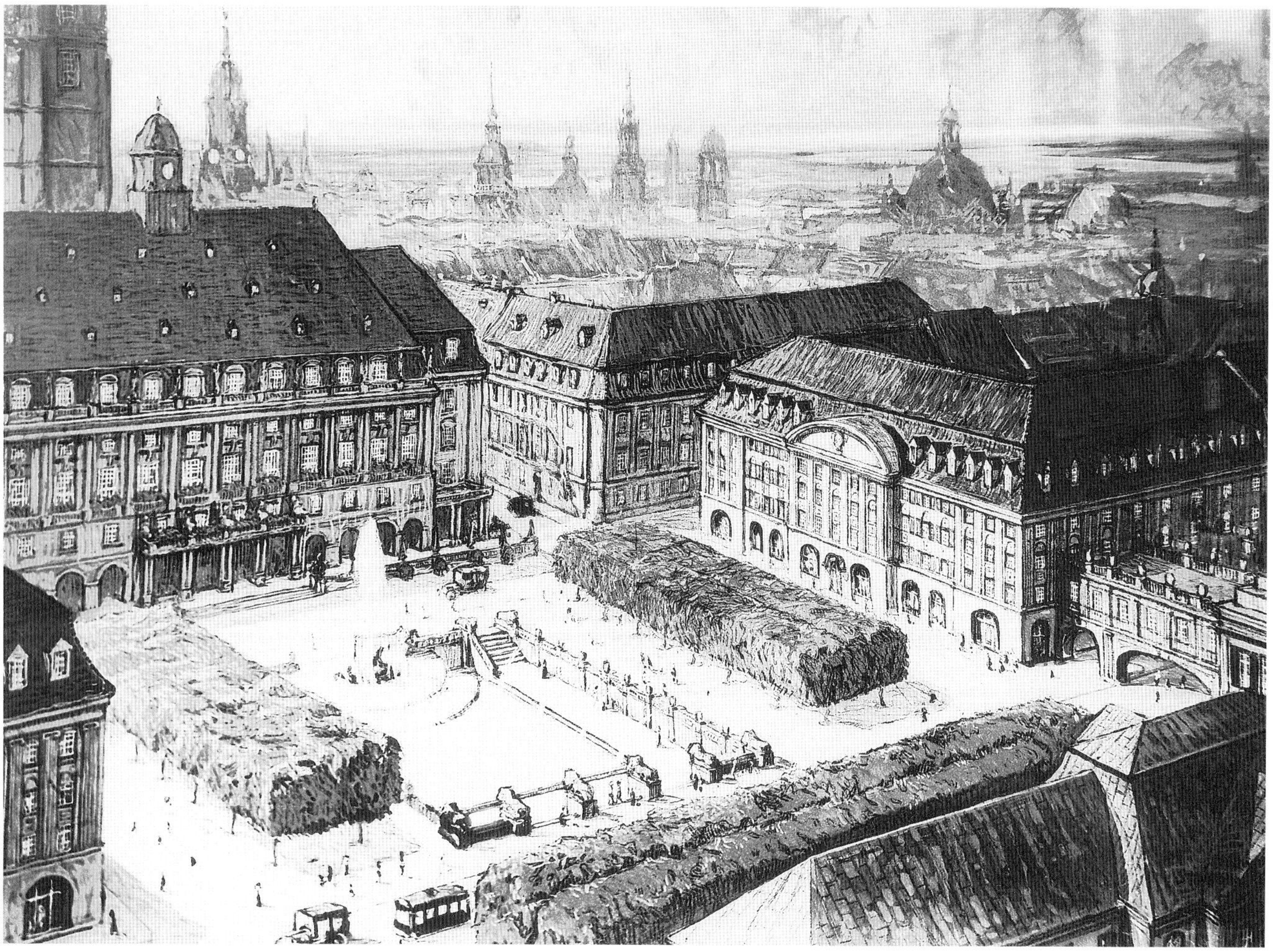

Zeichnung „Rathausvorplatz", Dresden, Foto 1910 (WV 82)

WV 88. 34. Bez.-Schule (Weiße- oder Rübezahl Schule), heute 34. Grundschule und Gymnasium Dresden-Cotta, Cossebauder Straße 35/ Tonbergstraße 8, Dresden-Cotta, 1909-1911

Bauzeit: März 1909 bis April 1911; Einw.: 24.04.1911 (Architektenzeichen l. vom Haupteingang); Baul.: Richard Louis; Ausst.: plast. Schmuck: August Strohrigl, Karl Groß, Alexander Höfer u. Leopold Armbruster, Malereien: Georg Lührig u. Karl Schulz, Laternen: Max Großmann; Kosten: 771.846 M (für die Ausst. nochmals 69.598 M). April 1945 teilzerstört, u.a. die Einfriedung mit Torhäuschen, der Hauptbau mit seinem imposanten Dach, 1949-1956 vereinfachter Wiederaufbau, Freskogemälde später durch ein neues Rübezahlbild ersetzt, 1995-1998 Nordflügel für 4 Mio. DM rekonstruiert.

-StaDD, Schulamt, Sect. I, Cap. III, Nr. 219, 34: Bez.-Schule betr., Blätter 5, 51 u. 66; Dito, Schulamt, Sect. I, Cap. IV, Nr. 247: Turnhalle, 34. Bez.-Schule, Cotta betr., Blatt 48; Dito, Schulamt, Sec. I., Cap. IV, Nr.321, Bd.I, 34: Bez.-Schule, Cossebauder Straße 35 betr., Lageplan, Blätter 143, 148 u. Nr.321, Bd. II, Lageplan 1:1000 vom zweiten Objekt (26. 11. 1907, Konstruktionsbüro Hennig); AR, 28 (1912), Beilage S. VII mit Abb. u. Tafeln 171-173 mit Abb. u. Grundriß; DAZ vom 23.04.1911, S. 5; DNN vom 22.04.1911; VB 1911-1912, Dresden 1914, S. 320-323.

WV 89. Städtische Altstädter Höhere Mädchenschule, Zinzendorfstraße 15 (Flurstück Nr. 1314), Dresden, 1909-1911

Bauzeit: Juni 1909 bis April 1911; Einw.: 24.05.1911 (Architektenzeichen l. neben dem Hauptportal); Baul.: Richard Schreiber; Ausst.: Malereien: Paul Perks u. Paul Rößler, Plastiken: Alexander Höfer, Kunstschmiedegitter: Kühnscherf & Söhne u. Max Großmann; Kosten: 311.800 M (davon für den Umbau des Hintergebäudes 92.000 M). Februar 1945 zerstört.

-StaDD, Schulamt, Sect. II, Cap. V, Nr. 42 I-II: Altstädter höhere Mädchenschule betr.; AR, 27 (1911), Abb. S. 110 u. S. 113; BAK, 24 (1911), S. 45 u. Tafeln 111/112; MB, 10 (1911), Abb. S. 137-146; VB 1911-1912, Dresden 1914, S. 323-327.

Zeichnung „Warenhaus" 1910 von Maler Fritz Beckert, Foto 1910 (WV 84)

Trinkhalle am Bismarckplatz, Dresden, Foto um 1910 (WV 85)

Trinkhalle am Güntzplatz (Eliasplatz), Dresden, Foto um 1910 (WV 87)

34. Bezirks-Schule Cossebauder Straße, Dresden, Foto 1911 (WV 88)

Relief von Bildhauer Alexander Höfer an der 34. Bezirks-Schule Cossebauer Straße, Dresden, Eingang Hausmeisterwohnung 1910, Foto 1987 (WV 88)

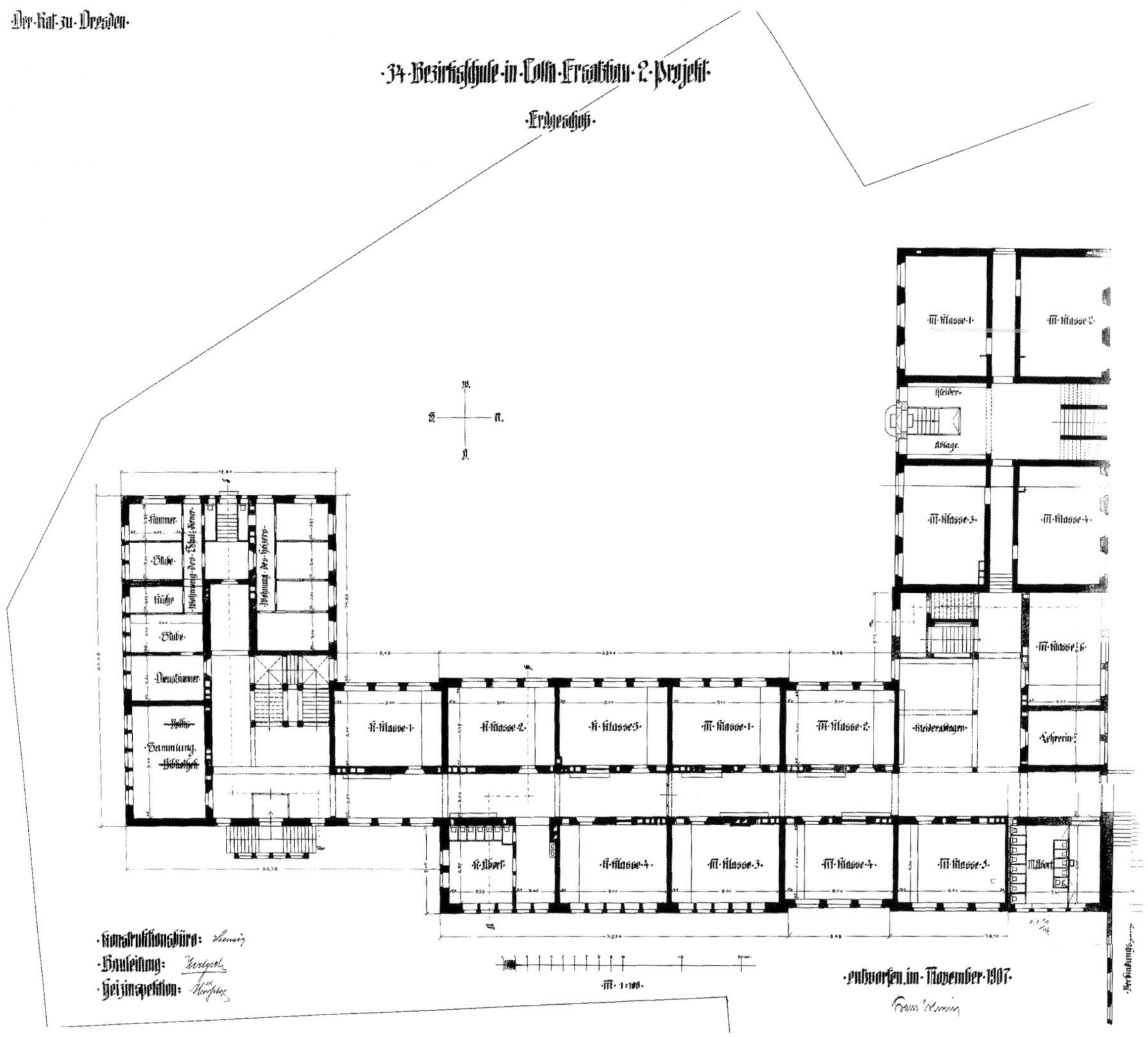

Grundriß, 34. Bezirks-Schule Cossebauer Straße, Dresden, Foto vor 1911 (WV 88)

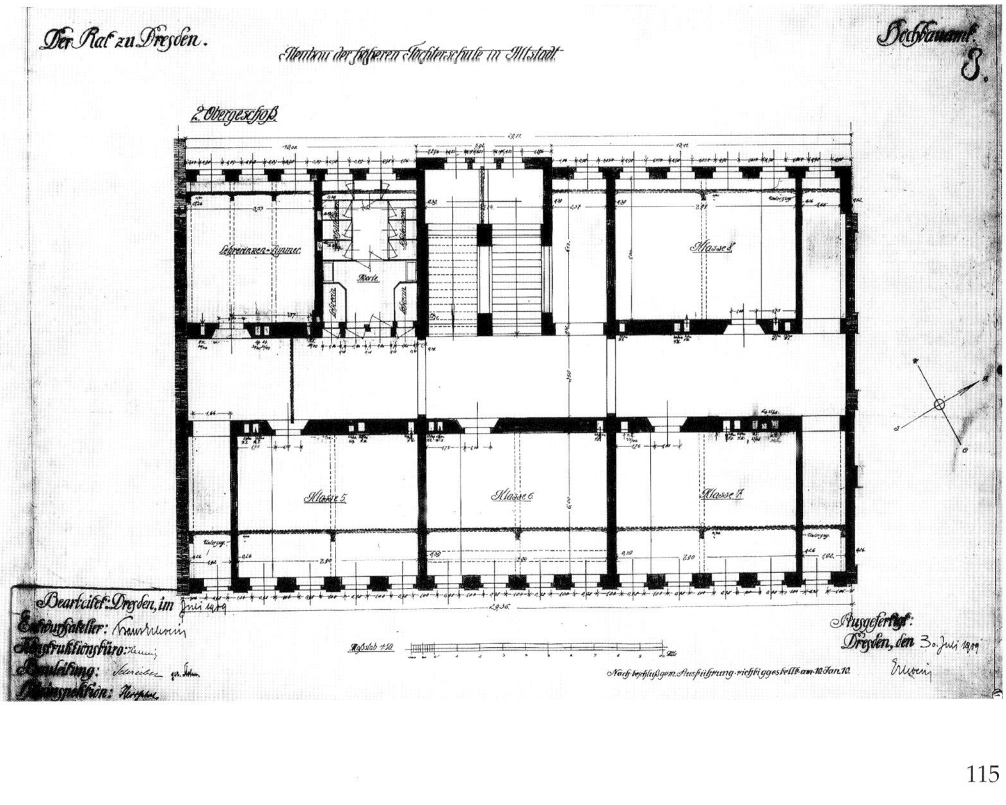

Grundriß II. Obergeschoß, Städtische Altstädter Höhere Mädchenschule Zinzendorfstraße, Dresden, Foto 1909 (WV 89)

Städtische Altstädter Höhere Mädchenschule Zinzendorfstraße, Dresden, Foto 1911 (WV 89)

WV 90. 40. Volksschule (heute 40. Mittelschule) und Erweiterungsbau XVI. Bürgerschule, Cottbusser Straße 34 und Böttgerstraße 11, Dresden-Trachau, 1910/1911

Bauzeit: März 1910 bis Oktober 1911; Einw.: 09.10.1911 (Architektenzeichen 7. 10. 1911); Baul.: Richard Böhme; Ausst.: plast. Schmuck: Karl Groß u. August Strohrigl; Kosten: 623.721 M.
1993-1996 Rekonstruktion, Sanierung u. teilweise vergrößert.

-StaDD Schulamt, Sect. I., Cap. IV, Nr. 241 I-II: XVI. Bürgerschule/40. Bez.-Schule, DD-Trachau, Böttgerstr./ Cottbusser Str. betr., Bd. I, Blätter 151, 163, 253, 254; Bd. II, Blätter 150, 197/198; VB 1909-1910, Dresden 1912, S. 243; Dito., 1911-1912, Dresden 1914, S. 318-320 u. S. 918/919.

Zimmer des Stadtverordneten-Vorstehers, Neues Rathaus, Dresden, Foto 1911 (WV 91)

Decke im Zimmer des Stadtverordneten-Vorstehers, Neues Rathaus, Dresden, Foto 1911 (WV 91)

Gartenansicht, Kleinwohnungsbauten Dr. Krenkel-Stiftung Klingestraße, Dresden, Foto 1987 (WV 93)

Kleinwohnungsbauten, Krenkelhäuser und Johann-Meyer-Stiftung, Dresden, Foto 1912 (WV 93 und WV 99)

Erweiterungsbau Ehrlichsches Gestift, Blochmannstraße, Dresden, Foto 1912 (WV 97)

WV 91. Amtszimmer des Stadtverordneten-Vorstehers, Neues Rathaus, Dresden, 1910/1911

Überg.: 09.11.1911; Ausst.: plast. Schmuck: Georg Wrba u. Rudolf Born, Malerei: Otto Gussmann.
Februar 1945 zerstört (Brunnenfigur geborgen, im Bestand des Stadtmuseum DD).
Siehe: WV 136. Innenarchitektur „Deutsche Werkbund-Ausstellung Köln 1914".

-StaDD, Hauptkanzlei 336/1913 D. R.: Sächsisches Haus auf der Deutschen Werkbund-Ausstellung Köln 1914 betr.; DAZ vom 10.11.1911

WV 92. Umbau der Grundstücke Große Plauensche Straße 17-19 zu Hospitalzwecken, Dresden, 1910/1911

Februar 1945 zerstört.

WV 93. Kleinwohnungsbauten Dr. Krenkel-Stiftung (Krenkelhäuser), Klingestraße 14-22, Dresden-Löbtau, 1910/1911

Bauzeit: September 1910 bis Juni 1911; Überg.: 01.07.1911 (Architektenzeichen E. 1. VII 1911); Baul.: Richard Schreiber; Ausst.: Malerei: Paul Rößler; Kosten: 233.329 M.

-AR, 28 (1912), Tafeln 31/32 mit Lageplan u. Grundriß; DÜB, 107. Flugschrift: Einige städtische Nutzbauten in Dresden von Hans Erlwein, München 1913, S. 35/36; IB, 3 (1912), S. 212-216 mit Lageplan, Ansichten u. Grundriß; VB 1909-1910, Dresden 1912, S. 240, 243 u. 266/267; Dito, 1911-1912, Dresden 1914, S. 327/328.

WV 94. Straßenbahnwartehalle Großenhainer Straße, Dresden-Neustadt, um 1911

-Entwurf, Nr. 48.

WV 95. Brückenzollhebestelle Marienbrücke, Dresden, 1911

Bauzeit: Oktober bis Dezember 1911; Kosten: 3.638 M.

-StaDD, Akten der Stadtverordneten, F 32: Friedrich-August-Brücke, Umgestaltung Theaterplatz u. Italienisches Dörfchen betr. (1911), Blatt 102.

WV 96. Haupteingang und Innenarchitektur „Internationale Hygiene-Ausstellung Dresden 1911", Ausstellungsgelände, Lennéstraße, Dresden, 1911

Mittelraum des Ausstellungspalastes für Ansiedlung u. Wohnung (Halle 54) u. Haupteingang an der Lennéstraße werden nach der Ausstellung Ende Oktober 1911 abgebaut.

-10 Jahre Dresdner Ausstellungsarbeit, Dresden 1931, S. 183 ff mit Abb.; BW, 2 (1911), Heft 42, S. 24/25 mit Abb.; Kat.: Internationale Hygiene-Ausstellung Dresden 1911, Berlin 1911, S. 26 ff mit Plan.

WV 97. Erweiterungsbau Ehrlichsches Gestift, Blochmannstraße 2, Dresden, 1910-1912

Bauzeit: November 1910 bis April 1912; Überg.: 13.04.1912; Ausst.: plast. Schmuck: August Strohrigl; Kosten: 321.072 M.
Februar 1945 teilweise zerstört, 1950/1951 vereinfachter Ausbau des Hauptgebäudes, dabei geht der plast. Schmuck u. das Walmdach verloren, heute mit 21 Unterrichtsräumen u. einer Aula mit 100 Plätzen als Stammhaus der Hochschule für Musik „Carl Maria v. Weber".

-StaDD, Schulamt, Sect. V, Kap. V, Nr. 143: Erbauung eines zweiten Erziehungshauses beim Ehrlichschen Gestift betr.; Das Schulhaus, 15 (1913), S. 168/169 mit Lageplan u. Grundrisse; Kat.: Neue Bauwerke der Stadt Dresden, Galerie Arnold Dresden 10.-22.04.1913, S. 8, Nr. 31; VB 1911-1912, Dresden 1914, S. 335-337.

WV 98. Wolfshügelturm, König-Albert-Park, Dresdner Heide, 1911/1912

Bauzeit: Mai 1911 bis April 1912; Einw.: 13.04.1912 (Architektenzeichen 12. 03. 1912 wurde von den Trümmern entfernt); Ausst.: plast. Schmuck: Georg Wrba; Kosten: 44.499 M.
Vor dem 08.05.1945 durch die deutsche Wehrmacht als militärischer Beobachtungspunkt gesprengt, die geborgene Bronzeplastik von Georg Wrba 1949 eingeschmolzen.

Details am Erweiterungsbau Ehrlichsches Gestift von Bildhauer August Strohrigl, Dresden, Foto 1912 (WV 97)

Wolfshügelturm, Dresden, Foto 1912 (WV 98)

Gartenansicht, Kleinwohnungsbauten Johann-Meyer-Stiftung Dölzschener Straße, Dresden, Foto 1912 (WV 99)

Ehemaliger Westeingang Zoologischer Garten, Dresden, 1911/12, Foto 2001 (WV 100)

-StaDD, Akten der Stadtverordneten, F 32, Friedrich-August-Brücke, Umgestaltung Theaterplatz u. Italienisches Dörfchen betr. (1911), Blatt 123; Dito, Baupolizei, Nr. 766: Aussichtsturm auf dem Wolfshügel betr., 1911 (mit fünf Blatt Zeichnungen u. einem Lageplan); Kat.: Neue Bauwerke der Stadt Dresden, Galerie Arnold Dresden 10.-22. April 1912, S. 8, Nr. 26; BW, 3 (1912), S. 31 und S. 33 mit Querschnitten u. Grundrisse; DAZ vom 14.04.1912, S. 9; IB, 3 (1912), S. 219/220 mit Ansichten u. Grundrisse; KfA, 24 (1910/1911), Entwurfszeichnung zwischen S. 456/457; VB 1911-1912, Dresden 1914, S. 302/303 u. S. 349/350.

WV 99. Kleinwohnungsbauten Johann Meyer-Stiftung (Johann Meyer-Häuser), Dölzschener Straße 17-23, Dresden-Löbtau, 1911/1912

Bauzeit: August 1911 bis März 1912; Einzug: 01.04.1912 (Architektenzeichen 1.IX.1912 r. vom Haupteingang); Baul.: Richard Schreiber; Ausst.: plast. Schmuck: August Strohrigl; Kosten: 246.254 M.
Plast. Schmuck am Haupteingang verschwunden, 1994/1995 Rekonstruktion u. Sanierung aller 32 Wohnungen.

-AR, 28 (1912), Tafel 31/32 mit Lageplan, Grundriß u. Ansichten; IB, 3 (1912), S. 212-215 mit Ansichten, Lageplan u. Grundriß; VB 1911-1912, Dresden 1914, S. 267 u. S. 343/344.

Eingang mit plastischem Schmuck, Kleinwohnungsbauten Johann-Meyer-Stiftung von Bildhauer August Strohrigl, Foto 1912 (WV 99)

WV 100. Neubauten für den Zoologischen Garten, Dresden, 1911/1912

Futterküche, Pferdestall und Schmiede Februar 1945 zerstört, Westeingang mit zwei Eingangssäulen, plast. Schmuck und schmiedeeiserner Gittertür erhalten.

-StaDD, Baupolizei, Nr. 1275, Bd. III, 1900: Zoologischer Garten betr., Pläne 22, 26 u. 28/29

WV 101. Innenarchitektur Ratstrinkstube, Neues Rathaus, Ringstraße, Dresden, 1911/1912

Bauzeit: Juli 1911 bis August 1912; Einw.: 20.08.1912; Ausst.: Malereien: Carl Bantzer, August Wilckens u. Otto Gussmann, plast. Schmuck: Georg Wrba; Kosten: 149.642 M (für alle Um- u. Einbauten des Ratskellers).
Februar 1945 zerstört

-StaDD, Akten der Stadtverordneten, F 32: Friedrich-August-Brücke, Umgestaltung Theaterplatz u. Italienisches Dörfchen betr. (1911), Blatt 123; VB 1911-1912, Dresden 1914, S. 334/335.

WV 102. Wasserhochbehälter Naußlitz, Dölzschener Straße 56, Dresden-Naußlitz, 1911/1912

Bauzeit: August 1911 bis März 1912; Inbetr.: Mitte April 1912; Kosten: 32.433 M.

-VB 1911-1912, Dresden 1914, S. 350/351.

WV 103. Proj. Erweiterungsbauten Gaswerk Dresden-Neustadt, Lößnitzstraße (Fl.-Nr. 1582), Dresden-Neustadt, 1911/1912

-IB, 5 (1914), S. 216-230 mit Ansichten, Lageplan, Querschnitte, Ansichten u. Grundrisse.

WV 104. Brückenzollhebestelle Albertbrücke, Dresden-Neustadt, 1911/1912

Kosten: 8.126 M.
Februar 1945 zerstört.

-StaDD, Akten der Stadtverordneten, F 32, Friedrich-August-Brücke, Umgestaltung Theaterplatz u. Italienisches Dörfchen betr. (1911), Blatt 101.

Innenarchitektur Ratstrinkstube, Ratskeller, Neues Rathaus, Dresden, Foto 1912 (WV 101)

Deckenreliefs Ratstrinkstube von Bildhauer Georg Wrba, Foto 1912 (WV 101)

Proj. Gasbehälter Lößnitzstraße, Dresden, Foto 1914 (WV 103)

WV 105. Verkehrsgebäude Pirnaischer Platz, Pirnaischer Platz 1, Dresden, 1911/1912

Bauzeit: August 1911 bis Januar 1912; Überg.: 05.01.1912; Kosten: 16.633 M.
Februar 1945 zerstört.

-IB, 3 (1912), S. 216/217; VB 1911-1912, Dresden 1914, S. 328.

WV 106. Bedürfnisanstalt mit Straßenbahnwartehalle und Ruhe-Terrasse Schlachthofvorplatz, Städtischer Vieh- und Schlachthof, Dresden-Friedrichstadt, 1911/1912

Bauzeit: Mai 1911 bis Juni 1912; Überg.: 15.06.1912; Kosten: 6.317 M.
1999 abgebrochen.

-DAZ vom 16.04.1911; VB 1911-1912, Dresden 1914, S. 269.

Verkehrshäuschen Pirnaischer Platz, Dresden, Foto 1912 (WV 105)

WV 107. Erweiterungsbauten Luisenstift (ehem. Poliklinik, heute Ärztehaus), Braunsdorfer Straße 13, Dresden-Löbtau, 1911/1912

Bauzeit: Juli 1911 bis April 1912; Einw.: 03.05.1912 (Architektenzeichen 3. V. 1912 aus Keramik an der r. Hauswand im Putz eingelassen); Kosten: 154.722 M.

-VB 1911-1912, Dresden 1914, S. 344-346 u. S. 796.

WV 108. Kleinwohnungsbauten Bünaustraße, Bünaustraße 4b, 6, 6b, 8 u. 8b, Dresden-Löbtau, 1911/1912

Bauzeit: Dezember 1911 bis September 1912; Überg.: Ende September 1912 (Architektenzeichen 10. 1912 am r. Gebäude an der l. Ecke im Putz eingelassen); Baul.: Heinrich Hertzsch; Kosten: 300.000 M. 1998-2000 für 4,5 Mio. DM restauriert und saniert.

-VB 1911-1912, Dresden 1914, S. 341-343.

WV 109. Kleinwohnungsbauten Wilder-Mann-Straße, Wilder-Mann-Straße 6 u. 8/Industriestraße 5, Dresden-Trachau, 1911/1912

Bauzeit: Oktober 1911 bis Juni 1912; Einw.: 26.06.1912 (zwei Architektenzeichen 26. 6. 12); Kosten: 157.075 M.

-MB, 12 (1913), Abb. S. 371; VB 1911-1912, Dresden 1914, S. 268 u. 340/341.

WV 110. Kleinwohnungsbau Bürgerstraße, Bürgerstraße 72, Dresden-Pieschen, 1911/1912

Bauzeit: Oktober 1911 bis Juni 1912; Einw.: 26.06.1912 (Architektenzeichen 26. 6. 12); Kosten: 69.051 M.

-VB 1911-1912, Dresden 1914, S. 268 u. S. 340/341.

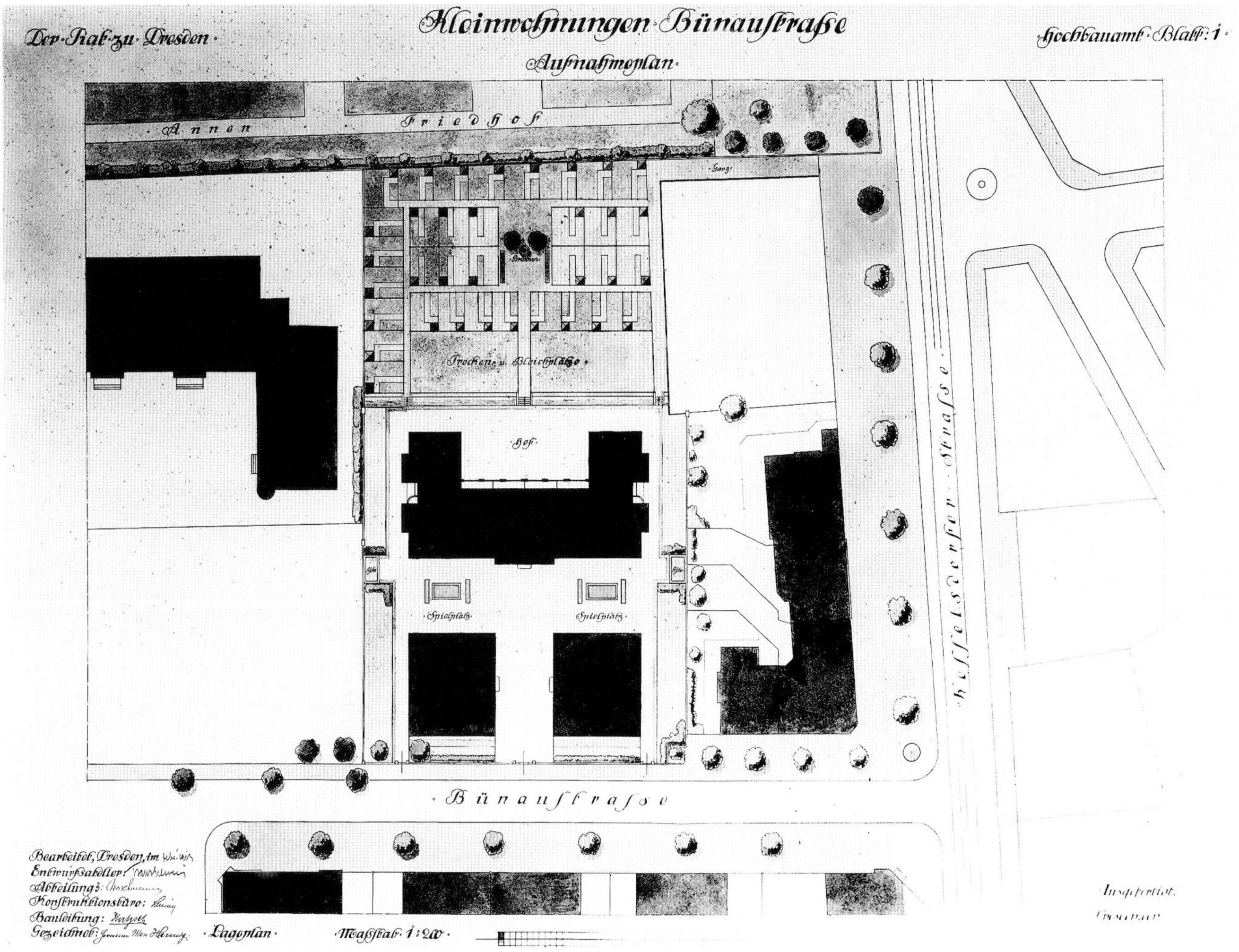

Lageplan, Kleinwohnungsbauten Bünaustraße, Dresden, Foto 1912 (WV 108)

WV 111. Erweiterungsbauten und Wohnhaus 37. Bez.-Schule (heute 37. Grundschule), Herbertstraße 34 (heute Emil-Ueberall-Straße)/Stollestraße 43, Dresden-Löbtau, 1911/1912

Bauzeit: Juli 1911 bis Juni 1912; Einw.: Schulräume am 09.04.1912 u. Wohnungen am 06.07.1912 (Architektenzeichen I.VI.1912 am r. Flügelbau der Wohnungen, r. neben dem Fenster im Rauhputz eingelassen u. das Datum darunter eingeritzt); Kosten: 126.849 M (dazu Einbauten 13.740 M).

-VB 1911-1912, Dresden 1914, S. 351-353 u. S. 918.

WV 112. Proj. Erweiterungsbauten Stadtkrankenhaus Friedrichstadt, Friedrichstraße, Dresden-Friedrichstadt, 1912

Kosten: 9,5 Mill. M.

-StaDD, Baupolizei, Nr. 277 Bd. IV: An der Friedrichstraße (Parzelle 216) - Stadtkrankenhaus- betr., Blatt 164 ff mit Skizzen u. Plänen 1:1000 u. 1:100 (Modell 1:500) vom 10.05.1912; Kat.: Neue Bauwerke der Stadt Dresden, Galerie Arnold Dresden, 10.-22.04.1913, S. 10, Nr. 42-49; BM, 12 (1913), Abb. S. 1 u. Tafel 1; MB, 12 (1913), Abb. S. 375-380 u. Tafel 66; VB 1911-1912, Dresden 1914, S. 721-723.

WV 113. Straßenbahnwartehalle und Zeitungskiosk Neustädter Markt, Dresden-Neustadt, 1912

Kosten: 7.600 M.
Später wird die mit vier Pfeilern gebildete Halle nach r. u. l. mit einer Mauer mit Fenster geschlossen u. es verbleiben nur noch drei offene Zugänge zum Platz hin, Februar 1965 leicht beschädigt, nach 1965 abgerissen.

-DÜB, 107. Flugschrift: Einfache städtische Nutzbauten in Dresden von Hans Erlwein, S. 41; IB, 3 (1912), S. 217/218 mit Abb., Vorderansicht u. Grundriß.

Kleinwohnungsbauten Bünaustraße, Dresden, Foto 1913 (WV 108)

WV 114. Bedürfnisanstalt und Straßenbahnwartehalle Sachsenplatz, Ecke Lothringer-/Marschallstraße, Dresden, 1912

Bauzeit: Juni bis Juli 1912; Überg.: 20.07.1912 (Architektenzeichen aus Keramik im Bestand des Stadtmuseum DD); Kosten: 15.503 M. Februar 1945 zerstört.

-IB, 3 (1912), S. 217-219 mit Abb.; VB 1911-1912, Dresden 1914, S. 269 u. S. 361.

WV 115. Straßendekoration anläßlich der Anwesenheit deutscher Fürsten am 28./29. August 1912, Dresden, 1912

Kosten: 26.644 M.
Nach den Feierlichkeiten abgebaut.

-Entwurf, Nr. 123; StaaDD, Ministerium des Innern, Nr. 9 553: Besuch fremder Fürstlichkeiten, 1908-1918 betr.; VB 1911-1912, Dresden 1914, S. 362/363.

WV 116. Ladenumbauten Neustädter Rathaus, Hauptstraße 1-3, Dresden-Neustadt, 1912

Bauzeit: August 1911 bis Dezember 1912; Kosten: 67.224 M. Februar 1945 schwer beschädigt, Ruine um 1950 entfernt.

-DAZ vom 11.04.1911; VB 1911-1912, Dresden 1914, S. 265/266 u. S.361/362.

WV 117. Umgestaltung Theaterplatz, Neubau Gaststätte „Italienisches Dörfchen" und „Basteischlößchen", Theaterplatz 2 u. 3, Dresden, 1911-1913

Bauzeit: November 1911 bis Mai 1913; Einw.: Pfingsten 1913; Baul.: Richard Louis; Ausst.: plast. Schmuck: Georg Wrba und Karl Groß, Malereien: Otto Gussmann, Paul Perks u. Paul Rößler; Kosten: 945.866 M.
Im 1. Weltkrieg Beschlagnahme der Kupferbedachung, Februar 1945 teilweise zerstört, 1956/1957 Wiederaufbau ohne Kupferbedachung, der Tanzsaal im westlichen Anbau erhält den Namen „Erlwein-Saal", 1984/1985 Rekonstruktion des „Basteischlößchens",

Hofansicht, Kleinwohnungsbauten Bünaustraße, Dresden, Foto 1913 (WV 108)

Kleinwohnungsbauten Wilder-Mann-Straße, Dresden, Foto 1913 (WV 109)

1993/1994 Rekonstruktion u. Sanierung des „ID" für 13 Mio. DM, 1994 Pavillon mit darunter befindlichen Toiletten für den Biergarten an Stelle des Pfeilers für das „König-Georg-Denkmal".

-StaDD, Akten der Stadtverordneten, B 24: Die alte Augustusbrücke, den Brückenzoll u. die Umgestaltung des Theaterplatzes betr. (1864 ff u. 1903 ff), Bde. I u. II; Dito., Akten der Stadtverordneten, F 32: Friedrich-August-Brücke, Umgestaltung Theaterplatz u. Italienisches Dörfchen betr. (1911 ff); Gurlitt, Cornelius: Hans Erlwein. Das Italienische Dörfchen in Dresden, 12. Sonderheft der Architektur des XX. Jahrhunderts, Berlin 1913, mit Abb., Ansichten, Situationsplan u. Grundrisse; VB 1911-1912, Dresden 1914, S. 339-349 u. S. 386/387.

WV 118. Denkmal König Georg von Sachsen, Wettbewerbsbeteiligung, nur teilweise ausgeführt, Dresden, 1912/1913

1993 Sockel für das Denkmal beseitigt, zugunsten eines Pavillons mit darunter befindlichen Toiletten.

-StaDD, Hauptkanzlei U.1/1907 D. R.: Errichtung eines König Georg-Denkmales in Dresden (1907-1927).

Kleinwohnungsbau Bürgerstraße, Dresden, Foto 1912 (WV 110)

Hausmeister- und Heizerwohnhaus, 37. Bez.-Schule Herbertstraße, Dresden, Foto 1987 (WV 111)

Erweiterung Turnhalle, 37. Bez.-Schule Herbertstraße, Dresden, Foto 1987 (WV 111)

WV 119. Kläranlage Kaditz, Scharfenberger Straße 150, Dresden-Kaditz, 1909-1913

Bauzeit: August 1909 bis Juni 1913; Inbetr.: 15.07.1910 Abwasserreinigungsanlage; Anfang März 1911 Kesselhaus; Überg.: 30.03.1911 Verwaltungsgebäudes (Architektenzeichen 30.3.11), Anfang Mai 1911 Werkstättengebäude, 27.06.1913 zwei Wohnhäuser (Architektenzeichen jeweils 27.06.1913), Architektenzeichen aus Keramik bzw. Sandstein im Putz eingedrückt u. Datum darunter eingeritzt; Baul.: Richard Böhme; Ausst.: plast. Schmuck: Peter Pöppelmann; Kosten: 450.000 M für Hochbauten (insgesamt ca. 2,6 Mio. M).
1990-1998 Renovierung der Hochbauten.

-AR, 28 (1912), Tafeln 86/87, IB, 3 (1912), S. 198-208 mit Lageplan, Ansichten, Schnitten u. Grundrisse, VB 1909-1910, Dresden 1912, S. 239-243, S. 260 u. S. 264, Dito, 1911-1912, Dresden 1914, S. 357-359.

Proj. Erweiterungsbauten Stadtkrankenhaus Friedrichstadt, Dresden, Aquarell „Interne Abteilung an der Friedrichstraße" von Maler Fritz Beckert 1912, Foto 1913 (WV 112)

Aquarell „Neubau des Typhus-Pavillon" von Maler Fritz Beckert 1912, Foto 1913 (WV 112)

Aquarell „Hofansicht Interne Abteilung" von Maler Fritz Beckert 1912, Foto 193 (WV 112)

WV 120. Erweiterungsbauten Gaswerk Reick, Gasanstaltstraße, Dresden-Reick, 1911-1913

Bauzeit: Ende 1911 bis Anfang 1913; Kosten: 185.000 M.

-VB 1911-1912, Dresden 1914, S. 351.

WV 121. Talgschmelze, Städtischer Vieh- und Schlachthof, Schlachthofring 22, Dresden-Friedrichstadt, 1911-1913

Bauzeit: September 1911 bis Anfang 1913, Überg. 18.03.1913; Ausst.: plast. Schmuck: Peter Pöppelmann; Kosten: ca. 500.000 M. Bronzebüste 1943 demontiert, Gebäude der Talgschmelze 1983/1984 restauriert.

Straßenbahnwartehalle Neustädter Markt, Dresden, Foto nach 1914 (WV 113)

Details der Läden, Neustädter Rathaus, Dresden, Foto 1912 (WV 116)

Straßendekoration anläßlich der Anwesenheit deutscher Fürsten, Dresden, AK 1912 (WV 115)

-IB, 3 (1912), S. 209 und S. 211 mit Ansichten u. Schnitten; Dito, 5 (1914), S. 231-233 mit Ansichten, Schnitten u. Grundrisse; VB 1911-1912, Dresden 1914, S. 346-348.

WV 122. Stadthaus An der Kreuzkirche, An der Kreuzkirche 9, Dresden, 1912/1913

Bauzeit: Juli 1912 bis März 1913; Einw.: Fassadenenthüllung 19.12.1912; Baul.: Bernhard Geißler; Ausst.: plast. Schmuck: Karl Groß; Kosten: 115.000 M.
Das fünfgeschossige Geschäfts- u. Wohnhaus Februar 1945 zerstört.

-StaDD, Akten der Stadtverordneten, S. 218: Das Stadthaus an der Kreuzkirche 15-16 (später Nr.9) betr. (1912), BM, 12 (1914), Tafeln 51/52 mit Ansicht u. Grundrisse; DAZ vom 19.12.1912, S. 5/6; Kat.: Neue Bauwerke der Stadt Dresden, Galerie Arnold Dresden, 10.-22.04.1913, S. 7/8, Nr. 24 u. 25 (Modell 1:20); MB, 12 (1913), S. 372/373 mit Lageplan; VB 1911-1912, Dresden 1914, S. 263 u. S. 354/355.

WV 123. Asyl für Obdachlose, Altpieschen 9, Dresden-Pieschen, 1912/1913

Bauzeit: Juli 1912 bis Juli 1913; Kosten: ca. 425.000 M.
Um 1928 Aufstockung im Mittelteil des Männer- u. Familienhauses u. Neubau zweier Eckgebäude in Front der Straße, Beseitigung des Unterkunftshäuschens auf dem Spielplatz, Dächer neu eingedeckt, dabei Beseitigung der Dachgauben.

-VB 1911-1912, Dresden 1914, S. 356/357 u. S. 882.

Ladenumbauten, Neustädter Rathaus, Dresden, Foto 1912 (WV 116)

Zeichnung „Italienisches Dörfchen und Theaterplatz" von Maler Gotthard Kühl nach Gipsmodell von 1908, Dresden, Foto 1908 (WV 117)

Italienisches Dörfchen, Dresden, AK 1913 (WV 117)

Basteischlößchen am Italienischen Dörfchen, Dresden, Foto 1985 (WV 117)

WV 124. Zweiter Schweinefutterstall, Städtischer Vieh- und Schlachthof, Schlachthofring, Dresden-Friedrichstadt, 1912/1913

Bauzeit: Frühjahr 1912 bis Anfang 1913; Kosten: 316.145 M.

-VB 1911-1912, Dresden 1914, S. 353/354.

WV 125. Innenarchitektur „Internationale Baufach-Ausstellung Leipzig 1913", Leipzig, 1913

Raum II für die Sonderausstellung der Stadt Dresden im „Sächsischen Haus" nach Beendigung der Ausstellung abgebaut.

-StaDD, Hauptkanzlei, U 1/12 I-IV.: Internationale Baufach Ausstellung Leipzig 1913 betr., Bd. I, Blätter 20, 47, 129-135; Bd. II, Blatt 162; Bd. IV, Blatt 106 u. Bd. V, Blatt 11.

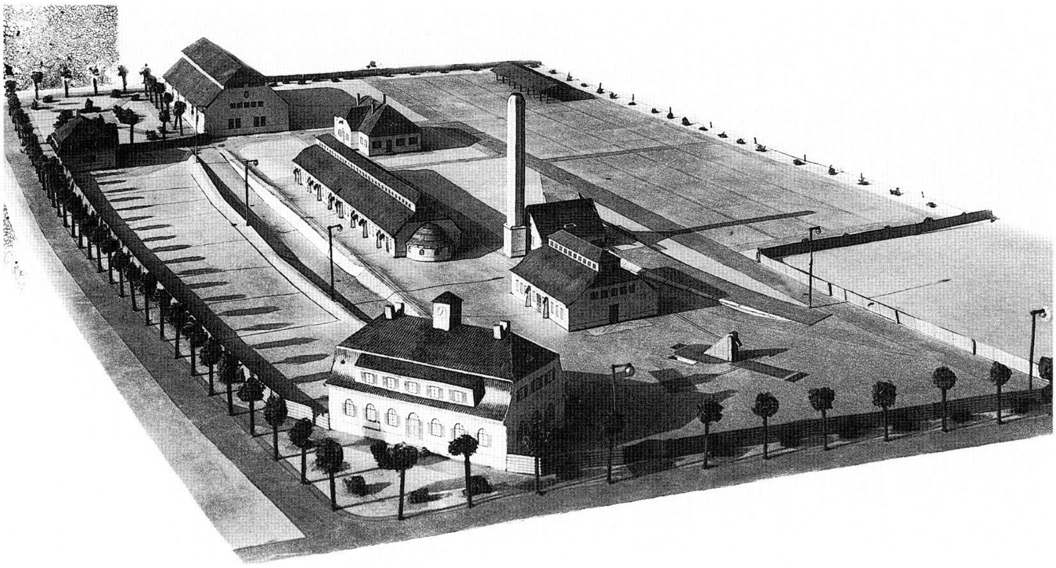

Modell, Kläranlage Kaditz, Dresden, Foto 1912 (WV 119)

Hauptreinigung, Kläranlage Kaditz, Dresden, Foto 1982 (WV 119)

WV 126. Proj. Neuer Gasbehälter, Gasanstaltstraße, Dresden-Reick, 1913

Kosten: 1.234.000 M.

-IB, 5 (1914), S. 215-217 mit Ansichten u. Schnitt; Kat.: Neue Bauwerke der Stadt Dresden, Galerie Arnold Dresden 10.-22.04.1913, Nr. 58; NBZ, 13 (1917), S.84-86 mit Ansichten u. Grundriß.

WV 127. Proj. XIII. Bürgerschule, Hebbelstraße 20, Dresden-Cotta, 1913

-StaDD, Schulamt, Sect. I/Cap. IV, Nr. 340, Bd. I und II: XIII. Bürgerschule, Hebbelstraße betr. (mit Plänen zum Erweiterungsbau).

Wohnhaus, Kläranlage Kaditz, Dresden, Foto 1982 (WK 119)

Talgschmelze im Vieh- und Schlachthof, Dresden, Foto 1913 (WV 121)

WV 128. 31. Bez.-Schule (heute Gymnasium Dresden-Gruna), Junghansstraße 15/Eibenstocker Straße 30, Dresden-Altgruna, 1912-1914

Bauzeit: November 1912 bis April 1914; Einw.: 20.04.1914; Ausst.: plast. Schmuck: Rudolf Born u. Otto Pilz; Kosten: 833.600 M.
Im I. Weltkrieg wird der Kupferschmuck des Schulturmes u. des gesamten Schulgebäudes demontiert, 1944/1945 wird das Dach durch Bombenangriffe zerstört u. später vereinfachter Wiederaufbau, 1968 Abbruch des Turmes u. größtenteils Entfernung der Dachfenster, Simse u. Dachrinnen durch Zinkblech ersetzt, 1956 Teilung in 31. u. 5. Grundschule, beide Schulen erhalten durch Umbau neue Klassenräume, 1986-1988 Rekonstruktion u. Restaurierung, dabei Umfunktionierung der erdgeschossigen Sporthalle in einen Speisesaal für beide Schulen.

-Reinhard, Jens: Das Gebäude der 5./31. Oberschule DD-Altgruna – ein Bauwerk Professor Hans Erlweins, Seminararbeit am WB Theorie u. Geschichte der Architektur der TU Dresden (1986), 81/18/03; StaDD, Schulamt, Sect. I, Cap. IV, Nr. 322 b, Bd. II, mit Entwürfen von 1910; Architektur der DDR, 37 (1988), Heft 6, S. 35/37 mit Abb. u. Grundrisse; Dresdner Kalender 1920, Dresden 1919, S. 67/68; Kat.: Neue Bauwerke der Stadt Dresden, Galerie Arnold Dresden 10.-22.04.1913, S. 8, Nr. 27 (Modell 1:100) u. Nr. 28; MB, 10 (1911), S. 150/151 mit Grundriß u. Entwurfsansicht; VB 1911-1912, Dresden 1914, S. 360 u. S. 919.

WV 129. Stadthaus Johannstadt (Stadtsparkasse Johannstadt, heute Sparkasse am Güntzplatz), Eliasplatz 5 (heute Güntzplatz/Ecke Blumen- und Gerokstraße), Dresden-Johannstadt, 1912-1914

Bauzeit: 1912 bis Frühjahr 1914; Einw.: Juli 1914 (Architektenzeichen 1.4.14); Ausst.: plast. Schmuck: Fritz Stellmacher u. August Strohrigl; Kosten: 610.000 M.
Februar 1945 teilweise zerstört, das hohe Mansardwalmdach wird etwas flacher u. ohne Fledermausgauben wieder hergestellt, Ende der 50er Jahre Schaffung eines durchgehenden, in der Mitte des Gebäudes liegenden Erschließungsgangs vom I.-III. OG, an der Fassade werden die ehem. bis zum Bürgersteig herabgeöffneten Fenster mit einer, bis in Brusthöhe reichenden Brüstung u. mit Sicherheitsgittern versehen, 1994-1996 Rekonstruktion (Fassade), Umbau u. Erweiterung durch die Sparkasse, Wiedereröffnung am 14.04.1997.

Stadthaus An der Kreuzkirche, Dresden, Foto 1913 (WV 122)

Asyl für Obdachlose, Dresden, Foto 1913 (WV 123)

-Schmiedel, Andreas: Baugeschichtliche Untersuchungen zum ehem. Stadthaus (Stadtsparkasse) am Güntzplatz in DD-Johannstadt von Hans Erlwein entworfen, Seminararbeit am WB Theorie u. Geschichte der Architektur der TU Dresden (1980); BM, 13 (1915), S. 8/11 u. Tafeln 6/7 mit Abb., Grundrisse u. Schnitten; Kat.: Neue Bauwerke der Stadt Dresden, Galerie Arnold Dresden 10.-22.04.1913, S. 7, Nr. 22 (Modell 1:100) u. Nr. 23.

WV 130. Städtisches Lagerhaus (Großes Speichergebäude), Devrientstraße 10-12/Kleine Packhofstraße 17, Dresden, 1913/1914

Bauzeit: April 1913 bis Juni 1914; Überg.: 19.06.1914 (Architektenzeichen 15.6.14 in Keramik an der Seite Kleine Packhofstraße im Putz eingedrückt u. Datum darunter eingeritzt); Baul.: Hugo Völkel; Bauf.: Bauführer Pfennig; Kosten: 1,455 Mio. M.
Seit 1977 unter Denkmalschutz, befindet sich in schlechtem baulichen Zustand, nach umfassender Sanierung u. Umbau neue Nutzung als Kongreßhotel ab 2003 geplant.

-StaDD, Tiefbauamt, S. 48: Speicher, Kleine Packhofstraße 17 betr., Bde. I-II (1912) u. Bd. III (1914); DAZ vom 19.06.1914, S. 8; IB, 5 (1914), S. 234-236 mit Ansichten u. Grundriß; VB 1911-1912, Dresden 1914, S. 261/262.

WV 131. Umbau Altstädter Rathaus, Am Altmarkt 1, Dresden, 1913/1914

Kosten: 38.487 M.
Februar 1945 schwer beschädigt, Ruine um 1950 entfernt.
Siehe: WV 132. Löwenapotheke, DD, 1913/1914; WV 133. Beutlerhaus, DD, 1913/1914.

-Dresdner Kalender 1920, Dresden 1919, S. 70/71; VB 1911-1912, Dresden 1914, S. 263-265.

WV 132. Löwenapotheke, Wilsdruffer Straße/ Am Altmarkt, Dresden, 1913/1914

Bauzeit: August 1913 bis September 1914; Überg.: 30.09.1914; Ausst.: plast. Schmuck: Georg Wrba, Gitter des Oberlichtes u. der Brüstung nach Modellen von August Strohrigl; Kosten: Wilsdruffer Straße 1, 3 u. 5 Baukosten 401.711 M; Gesamtausgaben mit Häusererwerb u. Apothekeneinrichtung 1.881.498 M (davon Ausst.-Kosten 97 000 M). Februar 1945 schwer beschädigt, Ruine um 1950 beseitigt, Teile des plast. Schmucks geborgen u. im Bestand des Stadtmuseum Dresden. Siehe: WV 131. Umbau Altstädter Rathaus, Dresden, 1914; WV 133. Beutlerhaus, Dresden, 1913/1914.

Innenhof, Asyl für Obdachlose, Dresden, Foto 1992 (WV 123)

Eingangsdetail, Asyl für Obdachlose, Dresden, Foto 1992 (WV 123)

Modell, 31. Bezirks-Schule Junghansstraße, Dresden, Foto 1910 (WV 128)

31. Bezirks-Schule Junghansstraße, Dresden, Foto 1914 (WV 128)

-StaDD, Akten der Stadtverordneten, M. 24: Löwenapotheke betr., AR, 29 (1913), Tafel 101; BM, 12 (1914), Beilage 278 u. 280; DAZ vom 30.09.1914, S. 4; Dresdner Kalender 1920, Dresden 1919, S. 69/70; Kat.: Neue Bauwerke der Stadt Dresden, Galerie Arnold Dresden 10.-22.04.1913, Nr. 19 Modell der neuen Löwenapotheke 1:100, Nr. 20 u. 21 Ansichten vom Altmarkt u. von der Wilsdruffer Straße; MB, 10 (1911), Tafel 19, Studie für den Neubau der Löwenapotheke von 1910; VB 1911-912, Dresden 1914, S. 263-265.

Stadthaus Johannstadt (Stadtsparkasse), Dresden, Foto 1914 (WV 129)

WV 133. Beutlerhaus, Wilsdruffer Straße 1, Dresden, 1913/1914

Bauzeit: August 1913 bis September 1914; Überg.: 30.09.1914; Ausst.: plast. Schmuck: Georg Wrba; Kosten: Wilsdruffer Straße 1, 3 u. 5 gesamt 401.711 M.
Februar 1945 zerstört, Ruine um 1950 mit verbliebenen Resten des plast. Schmuckes abgetragen.
Siehe: WV 131 Umbau Altstädter Rathaus, DD, 1913/1914; WV 132 Löwenapotheke, DD, 1913/1914.

-Dresdner Kalender 1920, Dresden 1919, S. 70/71; VB 1911-912, Dresden 1914, S. 263-265.

WV 134. Proj. XIV. Bürgerschule, Wallwitzstraße 20, Dresden-Löbtau (Flurstück 200 b), 1913/1914

-StaDD, Schulamt, Sect. I, Cap. IV, Nr. 239 I u. II: XIV. Bürgerschule betr., Wallwitzstraße 20.

WV 135. Proj. „Ausstellung Deutsches Handwerk Dresden 1915", 1913/1914

Kosten: 1,1 Mio. M.

-StADD, Handakten Bürgermeister Dr. Kretzschmar, 8: Ausstellung Das deutsche Handwerk Dresden 1915 betr. (mit Entwurf zum Geländeplan); AR, 30 (1914), Heft 11, S. III.

WV 136. Innenarchitektur „Deutsche Werkbund-Ausstellung Köln 1914", Raum der Stadt Dresden, Köln, 1914

Ausst.: plast. Schmuck: Karl Groß u. Georg Wrba, Malereien: Otto Gussmann u. Paul Rößler, Fußbodenmosaik: Paul Perks, Stuckarbeiten: Firma Peter Henseler; Kosten: 12.000 M.
Nach Beendigung der Ausstellung abgebaut.

-StaDD, Hauptkanzlei, 336/1913 D. R.: Sächsisches Haus auf der Deutschen Werkbund-Ausstellung Köln 1914; MB, 13 (1914), Abb. S. 409.

Hofansicht Stadthaus Johannstadt, Dresden, Foto 1914 (WV 129)

WV 137. Beamtenwohnhaus Fischhausstraße 17b, Dresden (Fl.-Nr. 2121), 1914

Bauzeit: 22. Juli bis 27. November 1914; Kosten: 44.000 M (mit allen Neben- u. Gartenanlagen).

-StaDD, Baupolizeiamt, Nr. 435: Fischhausstraße 17, Hochbehälter betr. u. Nr. 470: Fischhausstraße 17 b betr., mit Lageplan 1:500, Ansichten, Schnitte u. Grundrisse; Dresdner Kalender 1920, Dresden 1919, S. 71.

WV 138. Proj. III. Höhere Mädchenschule, Hohe Straße, Dresden (Flurstück 464), 1914

-StaDD, Schulamt, Sect. II, Cap. XV: Errichtung einer III. Höheren Mädchenschule betr.

WV 139. Erweiterungs- und Neubauten Stadtkrankenhaus Johannstadt, Fürstenstraße 74 und Trinitatisstraße (heute Universitätsklinikum „Carl Gustav Carus"), Dresden-Johannstadt, 1910-1915

Bauzeit: 1910 bis 1915; Kosten: ca. 1.240.000 M.

-VB 1909-1910, Dresden 1912, S. 629; Dito, 1911-1912, Dresden 1914, S. 328-334 u. S. 750/751.

WV 140. Neustädter II. Höhere Mädchenschule (Studienanstalt für Mädchen), Weintraubenstraße 3 (heute Gymnasium Romain Rolland), Dresden-Neustadt, 1913-1915

Bauzeit: Oktober 1913 bis April 1915; Überg.: 10.04.1915; Einw.: 14.04.1915; Baul.: Vor dem Krieg 1914 Richard Adam, danach Franz Helm; Ausst.: plast. Schmuck: am Äußeren Oskar Döll (seine Modelle durch Fritz Stellmacher vollendet) u. im Inneren August Strohrigl, Malerei: Karl Schulz; Kosten: 475.000 M Baukosten plus 68.000 M Ausst..

Städtischer Speicher Devrientstraße, Dresden, Foto 1914 (WV 130)

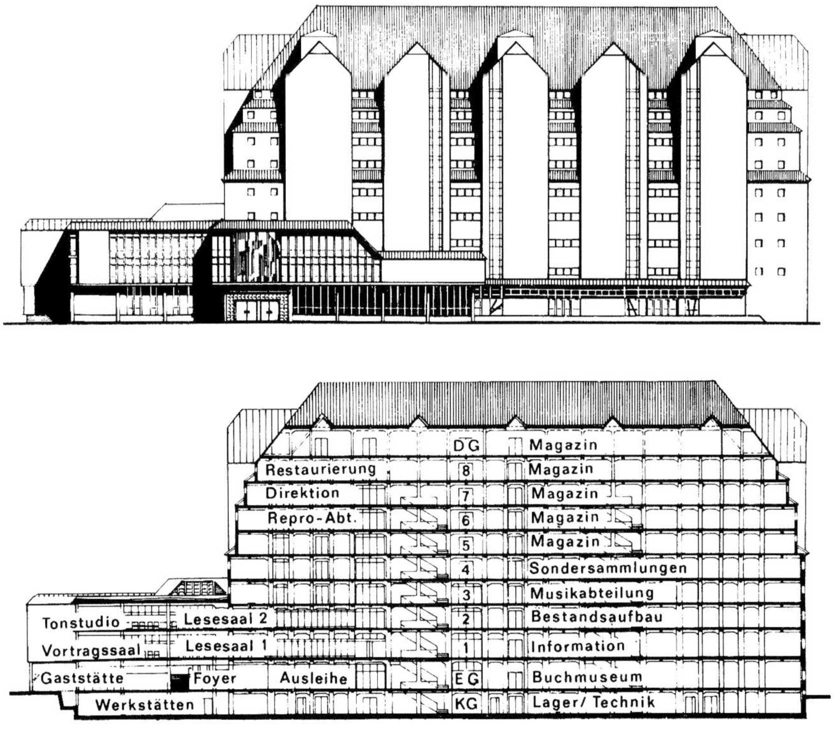

Studie zur Nutzung des Elbspeichers für die Sächsische Landesbibliothek, Diplomarbeit von J. Engert 1979, Foto 1984

Umbau Altstädter Rathaus, Dresden, Foto 1914 (WV 131)

1927 Umbenennung in Städtisches Mädchengymnasium, 05.07.1928 Genehmigung eines Erweiterungsbaues mit Kosten in Höhe von 235.000 M, Ausbau des DG u. teilweise bauliche Veränderungen der vorhandenen Räume zur Gewinnung von sieben Klassenzimmern, Nadelarbeitssaales, zwei Werkunterrichtsräumen, Reserveraums, Lehrerinnen-Sprechzimmers, die nötigen Aborte usw., der Umbau erfolgt in den Sommerferien 1928, dabei wird auch das ehem. Walmdach zu einem Mansarddach umgebaut, 1967 Anbau an den südlichen Seitenflügel (Gymnastiksaal im EG u. Zeichensaal im I. OG).

-StaDD, Akten der Stadtverordneten, Sch 204/1902: Studienanstalt für Mädchen betr.; Dito, Schulamt, Sect. II, Cap. XIII, Nr. 10: Errichtung der Studienanstalt betr.; DAZ vom 11.04.1915, S. 5 u. vom 14.04.1915; Dresdner Kalender 1920, Dresden 1919, S. 72-74; Kat.: Neue Bauwerke der Stadt Dresden, Galerie Arnold Dresden 10.-22.04.1913, S. 9 mit Modell 1:100 u. Ansicht; Sass, Evelyn: Hans Erlwein, Studienanstalt für Mädchen, Weintraubenstraße, 1913-1915, Baugeschichtsarbeit TU Dresden, 79/18/02.

WV 141. XI. Bürgerschule (heute Pestalozzi-Gymnasium), Riesaer Platz 22/Kanonenstraße (heute Pestalozziplatz 22/Ecke Weinböhlaer Straße), Dresden-Leipziger Vorstadt, 1913-1915

Bauzeit: Herbst 1913 bis Herbst 1915; Einw.: 11.10.1915; Baul.: Richard Böhme; Ausst.: Freskobild u. Malerei: Karl Schulz; Kosten: 751.331 M Baukosten, dazu 67.500 M Ausst. 1996-1999 Sanierung u. Rekonstruktion.

-DAZ vom 10.10.1915, S. 53; Kat.: Neue Bauwerke der Stadt Dresden, Galerie Arnold Dresden 10.-22.04. 1923, S. 9 mit Modellen 1:500 u. 1:100 u. zwei Teilansichten der Schulhausgruppe.

WV 142. Städtische Beseitigungsanstalt, Städtischer Vieh- und Schlachthof, Schlachthofring 20, Dresden-Friedrichstadt, 1913-1915

Bauzeit: Herbst 1913 bis Mai 1915; Einw.: 05.05.1915; Überg.: 29.09.1915; Baul.: Bernhard Geißler; Kosten: 750.000 M. Betriebs-, Stall- u. Wohngebäude, Wagenschuppen werden 1983/1984 abgetragen.

-Dresdner Kalender 1920, Dresden 1919, S. 72; IB, 6 (1915), S. 292-296 mit Abb.; NBZ, 13 (1917), S. 34 ff mit Abb.

Löwenapotheke, Dresden, Foto 1914 (WV 132)

Beutlerhaus, Dresden, Foto 1914 (WV 133)

Beamtenwohnhaus Fischhausstraße, Dresden, Foto 1914 (WV 137)

WV 143. Neues Städtisches Geschäfts- und Wohnhaus Devrientstraße 11/Ecke Kleine Packhofstraße, Dresden, 1914/1915

Bauzeit: Juni 1914 bis März 1915; Überg.: 13.03.1915; Kosten: 113.268 M. Februar 1945 zerstört.

-StaDD, Tiefbauamt, Nr. F 53: Fernheiz- u. Elektritätswerk u. Straße durch den Packhof (Devrientstraße betr., Bd. II (1899), Blätter 151-153; Dito, Tiefbauamt, Nr. S. 48: Speicher, Kleine Packhofstraße 17 betr., Bd. II (1912), Blatt 61; Dresdner Kalender 1920, Dresden 1919, S. 71/72.

WV 144. Feuerwache Louisenstraße, Louisenstraße 14-16, Dresden-Neustadt, 1913-1916

Bauzeit: Oktober 1913 bis April 1916; Einw.: 28.04.1916; Baul.: Ludwig Wirth bis zu seiner Einberufung zum Kriegsdienst im I. Welkrieg, Fertigstellung durch Bernhard Geißler u. Richard Louis; Ausst.: plast. Schmuck: August Strohrigl, Malerei: Karl Schulz; Kosten: 449.000 M. Nach der völligen Zerstörung der Hauptwache auf der Annenstraße 1945, übernimmt die Feuerwache Louisenstraße diese Funktion, 1979 Rekonstruktion, auch des Turms mit der Uhr (seit dieser Zeit gibt es im Gebäude auch keine Wohnungen mehr), im Hof wird ein neuer Steigerturm errichtet u. die Pferdeställe werden zu Garagen umgebaut, der berühmte Erlweinputz ist nur noch an der Rückseite vorhanden.

-DAZ vom 29.04.1915, S. 8; Dresdner Kalender 1920, Dresden 1919, S. 76/77; IB, 5 (1914), S. 237-239; Kat.: Neue Bauwerke der Stadt Dresden, Galerie Arnold Dresden 10.-22.04.1913, S. 11; NBZ 13 (1917), S. 99-102; SNN vom 08./09. September 1979.

WV 145. IV. Städtische Fach- und Fortbildungsschule (heute Berufliches Schulzentrum für Wirtschaft Prof. Dr. Zeigner – Zeigner-Schule –), Melanchthonstraße 9, Dresden (Fl.-Nr. 390 d), 1914-1916

Bauzeit: April 1914 bis April 1916; Einw.: 01.05.1916; Überg.: 29.04.1916; Baul.: Karl Richard Umlauft; Ausst.: plast. Schmuck: Otto Pilz u. Gustav Ullrich, Malerei: Karl Schulz; Kosten: 635.000 M. 1956 wird bei der Rekonstruktion die Inschrift der r. Kartusche beseitigt.

Neustädter II. Höhere Mädchenschule (Studienanstalt) Weintraubenstraße, Dresden, Foto 1916 (WV 140)

Zeichnung „Feuerwache Louisenstraße, Straßenansicht", Dresden, Foto 1922 (WV 144)

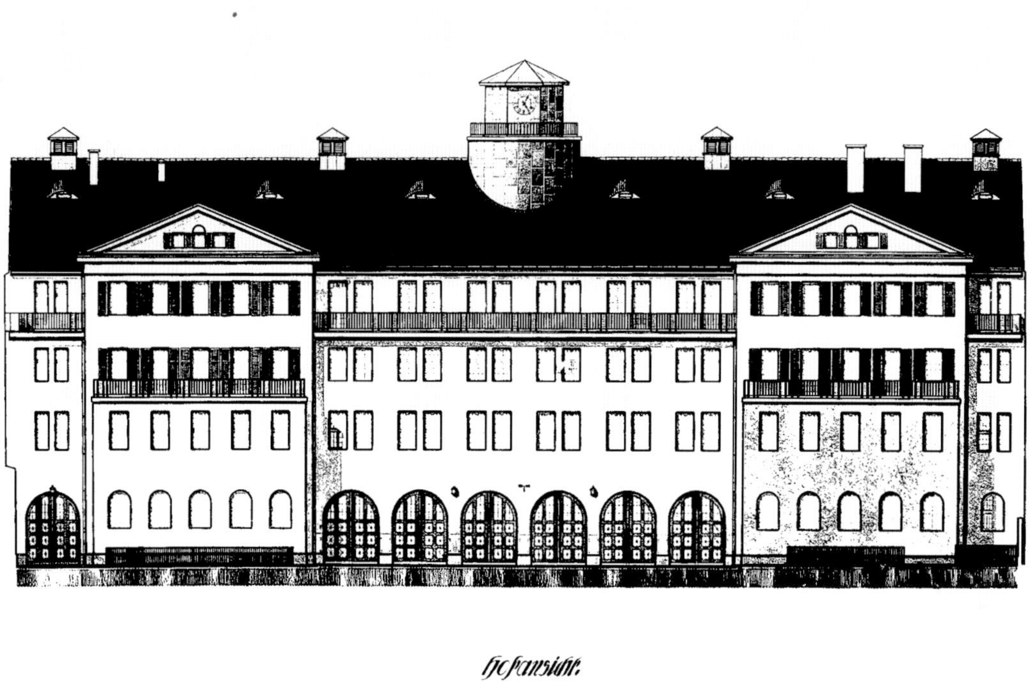

Zeichnung „Feuerwache Louisenstraße, Hofansicht", Dresden, Foto 1922 (WV 144)

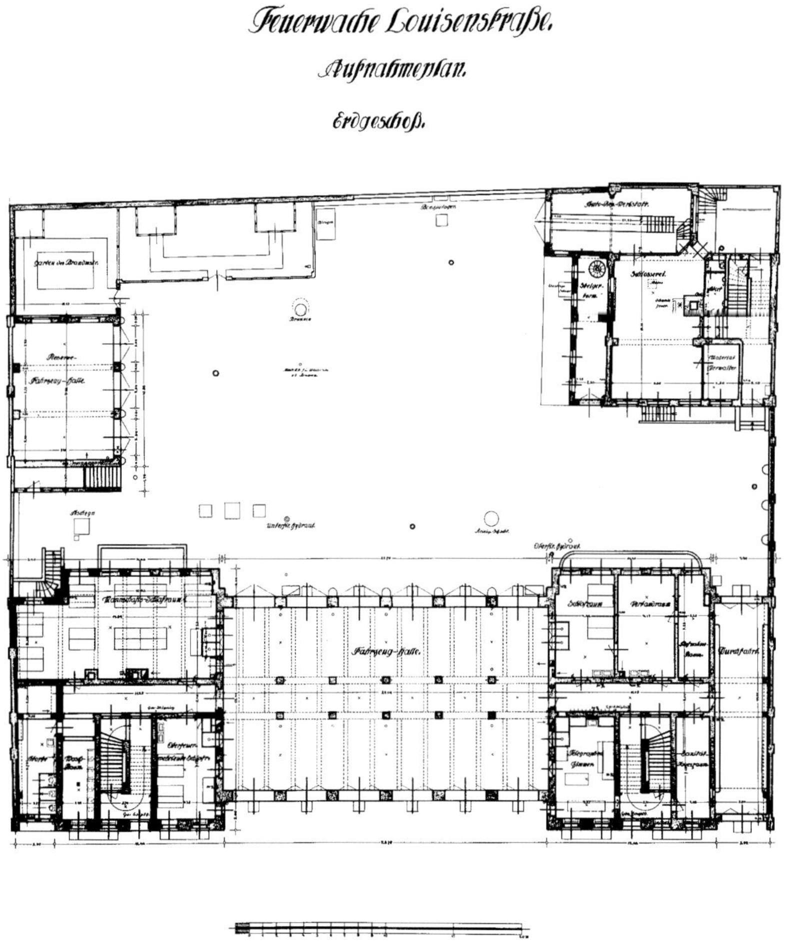

Aufnahmeplan, Feuerwache Louisenstraße, Dresden, Foto 1922 (WV 144)

IV. Städtische Fach- und Fortbildungsschule Melanchthonstraße, Dresden, Foto 1916 (WV 145)

-StaDD, Schulamt, Sect. I, Kap. IV, Nr. 339: Fach- u. Fortbildungsschule Melanchthonstraße betr.; DAZ vom 30.04.1916, S. 8; Dresdner Kalender 1920, Dresden 1919, S. 77/78.

WV 146. Städtisches Kunstausstellungs- und Verwaltungsgebäude, Lennéstraße/Stübelallee, Dresden, 1914-1916

Bauzeit: Juni 1914 bis Juni 1916; Einw.: 06.06.1916; Ausst.: plast. Schmuck: Georg Wrba, Terrazzomosaik: Paul Perks; Kosten: 435.000 M. Februar 1945 zerstört.

-Nachlaß Georg Wrba, Privatbesitz Leinfelden-Echterdingen (Kostenvoranschlag der plast. Werke); StaDD, Akten der Stadtverordneten, A. 47. Bd. III.: Ausstellungshalle betr., 1910; DAZ vom 04.06.1916, S. 5; Dito, vom 19.04. 1928; Dresdner Kalender 1920, Dresden 1919, S. 78/79; VKM, 31/1 (1916), S. 156-158 mit Abb.

WV 147. 4. Erweiterungsbau Maternihospital (Haus E), heute Elsa-Fenske-Heim, Ammon-/ Ehrlichstraße, Dresden, 1915/1916

Bauzeit: März 1915 bis Juli 1916; Überg.: 14.07.1916; Baul.: Hugo Völkel (Planung beginnt 1912 unter HE), erbaut 1915/1916 unter der künstlerischen Leitung von Carl Hirschmann u. der Bauoberleitung von Bernhard Geißler; Kosten: 662.000 M.
Siehe: WV 31. Erweiterungsbau Maternihospital, DD, 1905.

-StaDD, Akten der Stadtverordneten, M. 22, Bd. III 1906: Maternihospital betr., Blätter 98, 99, 106 u. 108, 4. Erweiterung; DAZ vom 15.07.1916, S. 8; Dresdner Kalender 1920, Dresden 1919, S. 79; Dresdner Nachrichten vom 24.03.1915, S. 9.

Detail Straßenfront, V. Städtische Fach- und Fortbildungsschule Melanchthonstraße, Dresden, Foto 1916 (WV 145)

Hauptbau mit Reiterfigur von Bildhauer Georg Wrba, Städtisches Kunstausstellungsgebäude, Dresden, Foto um 1935 (WV 146)

WV 148. Erweiterungsproj. Feuerwache Schlüterstraße

-Entwurf, Nr. 42.

WV 149. Proj. Hauptfeuerwache

-Entwurf, Nr. 44.

WV 150. Proj. Verkehrsgebäudchen Georg-Platz

-Entwurf, Nr. 52.

WV 151. Proj. Verkehrsgebäudchen Wiener-Platz

-Entwurf, Nr. 53.

WV 152. Proj. Bedürfnisanstalt Fürstenplatz

-Entwurf, Nr. 58.

Verwaltungsgebäude Städtische Kunstausstellungsgebäude, Dresden, Foto 1916 (WV 146)

Städtisches Kunstausstellungs- und Verwaltungsgebäude Lenné-straße/Stübelallee, Dresden, AK um 1935 (WV 146)

WV 153. Proj. Bedürfnisanstalt Fürsten-/Blasewitzer Straße

-Entwurf, Nr. 59.

WV 154. Proj. Schaltstelle Fürstenplatz

-Entwurf, Nr. 62.

WV 155. Proj. Schaltstelle Rankestraße

-Entwurf, Nr. 63.

WV 156. Proj. 23. Bezirksschule Strehlen

-Entwurf, Nr. 78.

WV 157. Proj. Stadthaus Schandauer Straße

-Entwurf, Nr. 89.

WV 158. Proj. Chemisches Untersuchungsamt

-Entwurf, Nr. 90.

13. Bibliographie und Fotonachweis

I. Archivmaterial

1. StaAmberg, Bde. 157/158
2. Dito, Zg. II 457/458
3. StaBA, Acta des Magistrats der Stadt Bamberg, BD d 42
4. Dito, B.S. 133 u. Lichtenhaiderstraße 1
5. Dito, C. 2. 32 084
6. Dito, C. 6. Baureferat Nr. 124, 129, 130, 150, 160, 182, 183 u. 201
7. Dito, VI. 139/32, J. 616/14, J. 616/15 u. P. 748/12
8. Dito, VII. A. 830/41, 860/14, 893/38
9. Dito, VII. B. 1223/23
10. Stadt Bamberg, Hochbauamt, ad Nr. 7 561
11. Dito, Hochbauamt, Planunterlagen zur Luitpoldschule
12. StaaDD, Ministerium des Innern, Nr. 9 553
13. Dito, Ministerium für Volksbildung, Nr. 19 217
14. StaDD, Akten der Stadtverordneten, A. 47, B. 24, B. 31, B. 46, F. 32, M. 22, M. 24, S. 218, Sch. 204
15. Dito, Baupolizei, Nr. 95, 277, 435, 470, 766, 1275
16. Dito, Dezernat Aufbau, Nr. 34/35
17. Dito, Handakten Bürgermeister Dr. Kretzschmar, Nr. 7/8
18. Dito, Hauptkanzlei 26a, 62, 268b, 336, U. 1/12 I-V, U. 1/1907
19. Dito, Künstlervereinigung Dresden, P. A. I. 197
20. Dito, Nachlaß Karl Groß, Hs 4 1935, 1333 (3)
21. Dito, Nachlaß der Künstlervereinigung „Die Zunft", Hs 2 1932, 825 (13 Mappen)
22. Dito, Ortsgesetzbuch vom 20.10.1927, S. 37
23. Dito, Ratsarchiv, A. II 223 u. Beiakte, A. XXIII 529, C. XIII 81
24. Dito, Schulamt, Sect. I, Cap. III, Nr. 219 u. IV, Nr. 211, 239, 241, 247, 248, 321, 322d, 339, 340
25. Dito, Schulamt, Sect. II, Cap. V, Nr. 42, Cap. XIII, Nr. 10 u. Cap. XV, Errichtung einer III. Höheren Mädchenschule betr.
26. Dito, Schulamt, Sec. V, Cap. V, Nr. 143
27. Dito, Stadtrat zu Dresden, Nr. 26a
28. Dito, Tiefbauamt, B. 145, F. 53, K. 81 u. S. 48
29. StaER, 241. BA. 4 836
30. Trambach, Gräflich Ortenburgsches Archiv, Abt. Familie und Grafschaft bzw. Herrschaft Ortenburg-Trambach, Akte Sicherungsarbeiten und Instandsetzung des Schlosses Birkenfeld, Sign. B 73, B 75-79 u. B 80
31. ZRBA, Bauakt Nr. 78
32. Dito, IV. 139/33, 139 bis 143/34
33. Dito, V. 202/23
34. Dito, VI. D. 324/21, F. 412/16, F. 426/28, H. 494/15, P. Edelstraße 7/9 u. P. Schiffbauplatz 10
35. Dito, VII. A. 803/33, A. 893/28, A. 893/37, A. 893/80 u. B. 1220/14
36. Entwurf einer Vereinbarung zwischen der Stadtgemeinde Dresden (Prof. Gurlitt) u. dem Zirkel-Verlag Berlin vom Mai 1915 über die Herausgabe eines Werkes über den Stadtbaurat Erlwein

II. Zeitungen und Zeitschriften

1. Architektur der DDR, 37 (1988)
2. AJ, 5 (1905) u. 8 (1908)
3. AR, 24 (1908) bis 30 (1914)
4. Badische Neueste Nachrichten vom 26.10.1990, S. 10
5. Bamberger Volksblatt, Nr. 45 (1966), S. 11
6. BAK, 23 (1910) und 24 (1911)
7. BM, 9 (1911) bis 13 (1915)
8. Bauzeitung für Württemberg, Baden, Hessen, Elsaß, Lothringen, 11 (1914), S. 127
9. BW, 2 (1911) bis 5 (1914)
10. DAZ von 1907 bis 1916 u. 1928
11. DBH, 3 (1899) bis 18 (1914)
12. DBZ, 35 (1901) bis 48 (1914)
13. DBZ, Mitteilungen über Zement, Beton und Eisenbeton, 3 (1906), Nr. 24, S. 93 ff
14. DKD, 30 (1913), S. 239 ff
15. Dekorative Kunst, 22 (1915), S. 94
16. Dresdner Nachrichten vom 24.03.1915, S. 9
17. Dresdner Neue Presse vom 08.12.1935
18. DNN, 18.10.1908, 29.05.1930, 09.06.1997
19. Dresdner Volkszeitung, 1913
20. IB, 1 (1910) bis 6 (1915)
21. KfA, 17 (1907/1908) bis 46 (1922)
22. LBZ, 2 (1906), S. 277
23. MB, 5 (1906) bis 13 (1914)

24. Mitteilungen aus den Sächsischen Kunstsammlungen, 1 (1910), S. 97 ff
25. Mitteilungen des Verbandes deutscher Architekten- und Ingenieur-Vereine, 10 (1905-1906), S. 111
26. NBZ, 6 (1910) bis 13 (1917)
27. Österreichische Wochenschrift für den öffentlichen Baudienst, 9 (1903), S. 708 ff
28. PB, 5 (1909), S. 1 ff
29. Sächsischer Bote vom 22.03.1995
30. Sächsischer Kurier vom 15.06.1934
31. Sächsische Tageblatt vom 13.10.1974
32. Sächsische Zeitung vom 03.05.1991
33. Salonblatt, 5 (1910), Nr. 40, S. 1171
33. Das Schulhaus, 13 (1911) und 15 (1913)
34. SBZ, 8 (1898) bis 24 (1914)
35. SNN vom 08./09.09.1979
36. Die Sonne, 4 (1908), S. 93
37. ST, 1 (1904) bis 10 (1913)
38. stern, 9 (1993), S. 33
39. VKM, 31/1 (1916), S. 156 ff
40. Zeitschrift des österreichischen Ingenieur- und Architekten-Vereins, 65 (1913), S. 568 ff

III. Allgemeine Literatur

1. Akademischer Architekten Verein München. Festschrift zur Feier des 25jährigen Bestehens. Der Königlichen Technischen Hochschule zu München gewidmet, München o.J., Blatt 36
2. Alt-Bamberg, IV. Bändchen, Bamberg 1901, S. 308 ff
3. Bamberg, Bamberg 1926, S. 51 ff
4. Bamberg. Ein Führer zur Kunstgeschichte der Stadt Bamberg für Bamberger und Zugereiste, Bamberg 1989, S. 205 ff
5. Beamtenbuch der Stadt Dresden für das Jahr 1913, S. 1
6. Begleitband zur Ausstellung: Stadtentwicklung in Bamberg um 1900. Hans Erlwein (1872-1914), Bamberg 1997
7. Denkmale in Bayern, Bd. IV, Oberfranken, München 1986, S. 18 ff
8. Denkmale in Sachsen, Weimar 1978, S. 90 ff
9. Denkschrift über den Neubau der Auferstehungskirche Dresden-Plauen, 1908
10. Dresdner Geschichtsbuch, Bd. 1, Dresden 1995, S. 72 f
11. Dito, Bd. 3, Dresden 1997, S. 98
12. Dresdner Kalender 1914, S. 90 ff und 1920, S. 67 ff
13. Dürer-Bund, 107. Flugschrift zur Ausdruckskultur, Einfache städtische Nutzbauten in Dresden von Hans Erlwein, München 1913
14. Dyckerhoff & Widmann A.-G., Nürnberg (1910), S. 101
15. Einweihungs-Festschrift für die Städtische Sparkasse Schulgasse, Dresden 1907
16. Festschrift zur Eröffnung des Chirurgischen Krankenhauses zu Bamberg April 1901, Bamberg 1901
17. Festschrift zur Feier des fünfzigjährigen Bestehens der 32. Volksschule in Dresden-Neugruna, Dresden 1931
18. Gatz, Konrad und Achterberg, Gerhard: Architektur farbig, Müchen 1966, S. 11
19. Gurlitt, Cornelius: Hans Erlwein. Das Italienische Dörfchen in Dresden, 12. Sonderheft der Architektur des XX. Jahrhunderts, Berlin 1913
20. Heiss, Hugo und Kammel, Otto: Bau, Einrichtung und Betrieb öffentlicher Schlacht- und Viehhöfe, (5. Aufl.) , Berlin 1932, S. 488 ff
21. 10 Jahre Dresdner Ausstellungsarbeit, Dresden 1931, S. 32, Abb. 1 u. 2 u. S. 183 ff
22. Jugendstil in Dresden. Aufbruch in die Moderne, Dresden 1999, S. 50
23. Kat.: I. Ausstellung Künstlervereinigung Dresden 1910
24. Dito, Deutsche Werkbund Ausstellung Cöln 1914
25. Dito, Dritte Deutsche Kunstgewerbe-Ausstellung Dresden 1906
26. Dito, Große Berliner Kunstausstellung 1913
27. Dito, Große Kunstausstellung Dresden 1908
28. Dito, Große Kunstausstellung Dresden 1912
29. Dito, Internationale Hygiene-Ausstellung Dresden 1911
30. Dito, Neue Bauwerke der Stadt Dresden, Galerie Arnold Dresden 10.-22.04.1913
31. Dito, Hans Erlwein. Stadtbaurat in Dresden 1905-1914, Dresden 1997
32. Die Kunstdenkmäler von Bayern, Bamberg, Innere Inselstadt, München 1990, Bd. I, S. 313/314 und S. 324; Bd. II, S. 1234
33. Leitschuh, Fr. Friedrich: Bamberg (Berühmte Kunststätten), Bd. 63, Leipzig 1914, S. 298 ff
34. Münz, Ludwig: Adolf Loos, Wien 1989, S. 11
35. Papke, Gabriele: Die Geschichte des Theaters zu Bamberg 1860-1978, Bamberg 1985, S. 40
36. Reinhard, Jens: Das Gebäude der 5./31. Oberschule in Dresden-Altgruna – ein Bauwerk Professor Hans Erlweins, Seminararbeit am WB Theorie und Geschichte der Architektur der TU Dresden, 81/18/03
37. Saas, Evelyn: Hans Erlwein. Studienanstalt für Mädchen Weintraubenstraße, 1913-1915, Seminararbeit am WB Theorie und Geschicht der Architektur der TU Dresden, 79/18/02

38. Sachsens Städtebau 1928, S. 53 ff
39. Schmiedel, Andreas: Baugeschichtliche Untersuchungen zum ehem. Stadthaus (Stadtsparkasse) am Güntzplatz in Dresden-Johannstadt von Hans Erlwein entworfen, Seminararbeit am WB Theorie und Geschichte der Architektur der TU Dresden, 1980
40. Schumacher, Fritz: Stufen des Lebens. Erinnerungen eines Baumeisters, Stuttgart/Berlin 1935, S. 260 ff
41. Schumann, Paul: Dresden (Berühmte Kunststätten, Bd. 46), (2. Auflage), Leipzig 1922, S. 274 ff
42. Schuster, Anton: Bamberg und Umgebung, Bamberg 1918, S. 101 ff
43. Schwarz, Otto und Heiss, Hugo: Bau, Einrichtung und Betrieb öffentlicher Schlacht- und Viehhöfe, Berlin 1912, S. 621 ff
44. Tag für Denkmalspflege und Heimatschutz Würzburg und Nürnberg 1928, Berlin 1929, S. 137 ff
45. VB 1904-1912, Dresden 1911 bis 1914
46. Verhandlungen der Stadtverordneten zu Dresden im Jahre 1908, Stenographischer Sitzungsbericht vom 05.11.1908
47. Wangerin, Gerda und Weiss, Gerhard: Heinrich Tessenow, Essen 1976, S. 82

Fotonachweis:

Bamberg, Postkartensammlung Helmut Frank: S. 48 (M.), 74 (u.), 77 (o.), 80 (r.); Bamberg, Stadtarchiv: S. 1, 71 (r.), 72 (o.), 73 (o.); Dresden, Gisela Bartholomay: Titelfoto u. S.4.

Architektur des 20. Jahrhunderts, 5 (1905): Bamberg, Berlin 1926: S. 51 (u.); Deutsche Kunst und Dekoration, 18 (1906): S. 24, 51 (o.); Dresdner Anzeiger vom 15.11.1914: S. 60 (o.); Dresdner Geschichtsbuch, Bd. 1, Dresden 1995, S. 26; Dito. Bd. 3, Dresden 1997: S. 110 (o.); Dresdner Kalender 1920: S. 141 (r.u.); Heim und Welt, Nr. 49 (1932): S. 181; Der Industriebau 1912 u. 1914; Moderne Bauformen, 6 (1907) bis 12 (1913): S. 16/17, 33 (3x), 55 (u.), 84 (o. u. M.), 86 (r. o. u. M.), 87 (u.), 88 (l. o. u. r. o.), 90 (u.), 94 (o.), 95, 97 (u.), 100 (u.); Schumann, Paul: Gedenkschrift zur Einweihung des neuen Rathauses zu Dresden. 1. Okt. 1910, Dresden: S. 13; Zum 29. Oktober 1909. Die Zunft o.J.: S. 25 (2x).

Alle anderen Fotos wurden vom Stadtplanungsamt der Landeshauptstadt Dresden zur Verfügung gestellt oder stammen aus der Fotosammlung des Verfassers.

14. Personenregister mit Lebensdaten

Abkürzungen:

A	–	Architekt
B	–	Bildhauer
BA	–	Bamberg
Bf	–	Bauführer
Bm	–	Baumeister
DD	–	Dresden
Dipl.-Ing.	–	Diplomingenieur
G	–	Grafiker
K	–	Kunstwissenschaftler
M	–	Maler
MÜ	–	München
R	–	Radierer
S	–	Schlosser
Z	–	Zeichner